アガルートの
司法試験・予備試験
総合講義 1 問 1 答

行 政 法

アガルートアカデミー 編著

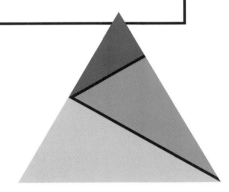

AGAROOT
ACADEMY

は し が き

　本書は，司法試験・予備試験の主に論文式試験で問われる知識を１問１答形式で整理したものである。初学者であれば，基本書等を読み進めて理解した後で，その知識を復習するための副教材として使用することを，中上級者であれば，一通りインプットを済ませた後で，知識を網羅的に点検し，定着させるものとして使用することを想定している。

　論文式試験で問われる知識を整理・確認する書籍としては，論証として整理をしている論証集や，問題とその解説あるいは解答例という形式で提供する演習書が存在する。しかし，論証集には，問題形式になっておらず人によっては覚えにくく取り組みにくいという側面があり，演習書には，問題文が長文になりがちで知識を再確認するには使いにくいという側面がある。

　そのため，シンプルに論文で問われる知識をおさらいできる問題集はないかと模索した結果，１問１答形式の問題集に至った。作成当時は，アガルートアカデミーで個別指導を受講している受講生向けに，復習用教材として使用していたのであるが，その評判が上々であり，学習の成果も確認することができたため，これを書籍として刊行することにした次第である。

　本書は，2019年に『アガルートの司法試験・予備試験 総合講義１問１答 憲法・行政法』として発行したものであるが，判例学習の重要性が増している公法系科目の傾向を踏まえ，１問１答だけでなく，重要判例に関する空欄補充問題も掲載し，「憲法」「行政法」として独立させたものである。

　本書の空欄補充問題を通じて，最低限記憶しておくべき，判例の結論及び，結論を導くための重要なキーワードをインプットしてほしい。

　本書は，知識の解説をしたものではなく，また，具体的事例問題を掲載したものでもない。司法試験・予備試験の合格に必須の知識を定着させるための問題集である。すらすらと書けるようになるまで，繰り返し解き続けてほしい。

　本書の前身である問題集は，既にアガルートアカデミーの受講生が利用しており，多くの合格者を輩出している。読者諸賢にとっても，この問題集が，正確な知識の定着の一助となり，司法試験・予備試験の合格を勝ち取ることを切に願う。

2021年6月吉日

アガルートアカデミー

目　　次

行政法

本書の使い方

問題ランク
Ａは学習初期から必ず押さえてほしい基本的な問題を，Ｂはそれ以上のレベルの問題を表します。
1周目はＡだけを，2周目はＢを中心に問題を解いていくと学習を効率的に進められます。

チェックボックス
解き終わったらチェックして日付を記入しましょう。

問題文
基本・重要論点を順序立てて端的に問う内容となっています。

通し番号
単元ごとの通し番号です。
「今日は何番まで」等，目標設定にお役立てください。

【左側：問題】

21. Ｂ　行政事件訴訟法36条には，Ａ「当該処分又は裁決に続く処分により損害を受けるおそれのある者」，Ｂ「その他当該処分又は裁決の無効等の確認を求めるにつき法律上の利益を有する者」，Ｃ「当該処分若しくは裁決の存否又はその効力の有無を前提とする現在の法律関係に関する訴えによって目的を達成することができないもの」の3つの要件が定められているところ，予防的無効確認訴訟（要件Ａが満たされた場合に認められる訴訟）が要件Ｃの制約を受けるかについて説明しなさい。

22. Ａ　「現在の法律関係に関する訴えによって目的を達成することができない」（行政事件訴訟法36）の意義について説明しなさい。

23. Ｂ　不作為の違法確認の訴えの原告適格について説明しなさい。

24. Ｂ　不作為の違法確認の訴えの本案勝訴要件について説明しなさい。

25. Ｂ　義務付けの訴えの類型について説明しなさい。

【右側：解答】

21. 一元説＝文言に忠実に，要件Cの制約を受けると解する。
   二元説＝国民の権利保護の観点，及び文理上は読点の打ち間違えと読めば良いことから，要件Cの制約は受けない。

解答
論文式試験で記載することになる知識をまとめた内容になっています。

22. 直截適切説（最判昭62.4.17，最判平4.9.22）＝確認訴訟の補充性よりも，出訴期間の延びされた取消訴訟としての実質を持つことを重視すべきであるから，無効確認訴訟のほうが紛争解決のために直截かつ適切であれば「目的を達することができない」場合に当たる。

2
行政争訟法

インデックス
現在学習中の部分が一目瞭然です。

23. 「処分又は裁決についての申請をした者」（行政事件訴訟法37）

24. 「行政庁が法令に基づく申請に対し，相当の期間内に何らかの処分又は裁決をすべきであるにかかわらず，これをしないこと」（行政事件訴訟法3Ⅴ）
   cf.「法令に基づく申請」→適法・不適法は不問。また，申請権が法令の明文によって規定されている場合だけでなく，法令の解釈上，当該申請につき，申請をした者が行政庁から何らかの応答を受け得る利益を，法律上保障されている場合を含むとされる。
   cf.「相当の期間内」と標準処理期間（行政手続法6）とは必ずしも一致しないが，重要な判断要素となる。

条文表記
（3Ⅵ①）は3条6項1号を表します。

25. ① 「行政庁が一定の処分をすべきであるにもかかわらずこれがされない」場合（直接型（非申請型）義務付け訴訟，行政事件訴訟法3Ⅵ①）
   ② 「行政庁に対し一定の処分又は裁決を求める旨の法令に基づく申請又は審査請求がされた場合において，当該行政庁がその処分又は裁決をすべきであるにもかかわらずこれがされない」場合（申請型義務付け訴訟，行政事件訴訟法3Ⅵ②）

84. 肯定説＝公正な手続があって初めて適法な行政処分が成り立つこと，国民には正しい手続が履践されることにつき手続的権利が保障されていることから，取消事由を構成する。
   否定説＝正しい手続をやり直しても当該事案について内容的に同じ結果が想定される場合には，手続的瑕疵のある処分を取り消す必要はないから，取消事由を構成しない。
   手続の公正さ自体を確保するための手続か，処分の内容の適正さを担保するための手続かで分けて考える説（判例？）＝①理由提示の趣旨は行政の恣意抑制機能と不服申立便宜機能にあるところ，その瑕疵は手続全体の公正を害することから，理由提示の違法は取消事由を構成する。②告知・聴聞手続は，処分の公正の確保と処分に至る行政手続の透明性の向上を図り，もって当該処分の名あて人となるべき者の権利保護を図る観点から，公正・透明な手続を法的に保障しつつ，処分の原因となる事実について，その名あて人となるべき者に対して自らの防御権を行使する機会を付与する趣旨であるところ，その瑕疵は手続全

学説
一般的に判例の立場と評されているものの，それに異を唱える有力な学説が存在している場合に「？」を付けています。

行　政　法

1 総論・行政作用法

☐ ／
☐ ／　**1.**　**Ｂ**　法律による行政の原理の意義について説明しなさい。
☐ ／

☐ ／
☐ ／　**2.**　**Ｂ**　法律による行政の原理の趣旨について説明しなさい。
☐ ／

☐ ／
☐ ／　**3.**　**Ａ**　法律による行政の原理の内容について説明しなさい。
☐ ／

☐ ／
☐ ／　**4.**　**Ａ**　どのような行政活動を行う場合に法律の根拠が必要と
☐ ／　　　　　　なるかについて説明しなさい。

1 総論・行政作用法

1. 　国会が「国の唯一の立法機関」（憲法41）であること，内閣の任務が「法律を誠実に執行…すること」にあること（憲法73①）から，行政活動は国会の制定する法律の定めるところにより，法律に従って行わなければならないという原理をいう。

2. ①法的安定性＝私人にも予測可能な安定した行政執行
   ②自由主義的要請＝国民の自由・権利の保護を図る
   ③民主主義的要請＝行政活動を法律によって統制することにより，民主的コントロールの下に置く

3. ①法律の（専権的）法規創造力の原則＝国民の権利義務に関する一般的・抽象的規律（法規）を創造する力は法律に独占されているとする原則
   ②法律の優位の原則＝行政活動は，法律の定めに違反して行われてはならないとする原則
   ③法律の留保の原則＝行政が何らかの活動を行う際に，その活動を行う権限が法律によって行政機関に授権されていなければならないという原則
   cf. 行政法の学説では，憲法41条における立法とは法規の意味であると解する立場が通説である。

4. 侵害留保説＝自由主義的意義を重視し，国民の権利や自由を制約し，又は新たな義務を課す行政活動にのみ法律の根拠が必要であるとする。
   全部留保説＝民主主義的意義を重視し，全ての行政活動に法律の根拠を必要とする。
   権力留保説＝民主主義的観点を強調する一方，一定の行政活動の自由領域を承認するため，侵害的なものであると授益的なものであるとを問わず，行政活動が権力的な行為形式によって行われる場合には，法律の根拠が必要であるとする。
   cf. 侵害留保説を採りつつも，法律の根拠を必要とする範囲を拡大することは可能。

□ ／
□ ／
□ ／
5. Ⓑ 　地方公共団体の長が，漁港内にヨット係留施設として設置された鉄杭を，緊急の事態において条例の根拠なくして強制撤去した。かかる事例において，撤去を実施するためにした公金支出の違法性について説明しなさい。

□ ／
□ ／
□ ／
6. Ⓑ 　公法・私法二元論の意義及びその採否について説明しなさい。

□ ／
□ ／
□ ／
7. Ⓑ 　法の一般原則について説明しなさい。

□ ／
□ ／
□ ／
8. Ⓑ 　租税法規に適合する課税処分について，法の一般原理である信義則の法理の適用により課税処分を違法なものとして取り消すことができる場合があるかについて説明しなさい。

5.　　　鉄杭撤去を強行したことは適法と認めることのできないものであるが，それが緊急の事態に対処するためにとられたやむを得ない措置であるときは，民法720条の法意に照らして，撤去に直接要した費用を支出したことを容認すべきものであって，公金支出について，その違法性を肯認することはできない（最判平3.3.8）。

　　cf.　本判例が，民法720条の法意に言及した点については2通りの理解の仕方がある。1つは，撤去措置自体についても民法720条が適用され，撤去措置の違法性は阻却されるとする見解である。この考え方によれば，本判例は，法律による行政の原理の例外を認めたものであるということになろう。もう1つは，本判例の事案が住民訴訟の事案であること，本判例が「乙町としては，町長が右撤去に直接要した費用を同町の経費として支出したことを容認すべき」であるとしていることを重視し，射程を金銭支出行為の違法性を否定する限度に限定する見解である。本判例の調査官解説は，こちらの考え方に立つようである。

　　　　この考え方によれば，国家賠償請求訴訟である場合においては，撤去措置自体の違法性が認められることになり，損害賠償請求が認められる可能性がある。ただし，本判例では原告の側に不法占拠という違法が存在するため，過失相殺が認められ，悪質な態様の場合には権利濫用による失権も考えられるとの指摘がある。

6.　　　行政法を「行政の組織及び作用並びにその統制に関する国内公法」と定義し，行政に関する法を公法と私法に二分した上で，公法のみを行政法学の考察対象としてきた（公法・私法二元論）。

　　　現在では，問題となっている法律や制度を個別具体的に検討し，行政と私人の間に生ずる法現象を考察することで，そこに行政に関する特有の法理を探求し，私法の適用の有無を決するべきとされている（公法・私法の二元的区別の否定）。

7.　　　①比例原則
　　　②信義則（民法1Ⅱ）
　　　③権利濫用（民法1Ⅲ）
　　　④平等原則（憲法14）

8.　　　租税法律主義の原則（憲法84条）が貫かれるべき租税法律関係においては，一般原理である信義則の適用については慎重でなければならず，租税法規の適用における納税者間の平等，公平という要請を犠牲にしてもなお当該課税処分に係る課税を免れさせて納税者の信頼を保護しなければ正義に反するといえるような特別の事情が存する場合に初めて信義則の適用があるというべきである。

　　　具体的には，①課税庁が納税者に対し信頼の対象となる公的見解を表示し，②納税者がその表示を信頼しその信頼に基づいて行動したところ，③後に上記表示に反する課税処分が行われ，そのために納税者が経済的不利益を受けることとなり，④納税者が課税庁の表示を信頼しその信頼に基づいて行動したことについて，納税者の責めに帰すべき事由がない場合に限られる（最判昭62.10.30）。

☐ ＿／＿　**9.**　🅱　行政計画の変更と信義則の適用について説明しなさい。
☐ ＿／＿
☐ ＿／＿

☐ ＿／＿　**10.**　🅱　委任立法・委任命令の可否について説明しなさい。
☐ ＿／＿
☐ ＿／＿

☐ ＿／＿　**11.**　🅱　法規命令の意義及び種類について説明しなさい。
☐ ＿／＿
☐ ＿／＿

☐ ＿／＿　**12.**　🅱　委任命令の意義について説明しなさい。
☐ ＿／＿
☐ ＿／＿

☐ ＿／＿　**13.**　🅱　委任命令の限界について説明しなさい。
☐ ＿／＿
☐ ＿／＿

9. 確かに，住民自治の原則（憲法92条）からすれば，行政主体が将来にわたって継続すべき施策を決定した場合でも，当該施策が社会情勢の変動等に伴って変更されることがあり，地方公共団体は原則としてその決定に拘束されるものではない。

しかし，地方公共団体が行う施策の中には，特定の者に対して当該施策に適合する特定内容の活動をすることを促す個別的，具体的な勧告ないし勧誘を伴うものもある。そうだとすると，当該施策が維持されるものと信頼して施策に適合する活動ないしその準備活動に入るのが通常である場合には，たとえ勧告又は勧誘に基づいてその者と当該地方公共団体との間に当該施策の維持を内容とする契約が締結されたものとは認められない場合であっても，当該施策の決定を前提として密接な交渉を持つに至った当事者間の関係を規律すべき信義衡平の原則に照らし，その施策の変更に当たっては，かかる信頼に対して法的保護が与えられなければならないものというべきである。

そこで，①計画が個別的・具体的な勧誘・勧告を伴うものであり，②そのような勧誘・勧告に基づき活動していた者が重大な損害を被るにもかかわらず，③代償措置なく計画を変更した場合には，④やむをえない客観的事情によるのでない限り，計画の変更・中止は，信義則上，当該勧誘を受けた者との関係では違法となると考える（最判昭56.1.27）。

10. 現代福祉国家において行政の内容が多方面にわたり複雑化するにつれ，それに対応した多種多様の内容をもった専門的・技術的な法の定立が要請される（必要性）。また，「この憲法及び法律の規定を実施するために，政令を制定すること。但し，政令には，特にその法律の委任がある場合を除いては，罰則を設けることができない」（憲法73⑥）との定めは，罰則すら委任できることを憲法が認めている（許容性）。したがって，委任立法・委任命令自体は可能である。

11. 行政権の定立する法規をいい，私人の権利や自由などに直接の影響を及ぼすことが予定されている。委任命令と執行命令がある。

12. 法律の委任により，新たに私人の権利・義務を創設するなど，私人の権利や自由などに直接的・具体的な影響を与えるもの（実体的な条文を定める）。

13. ①委任する側の限界（授権法令の要件）
個別的かつ具体的な授権規定が必要であり（白紙委任は許されない，通説），委任の目的，行政への授権事項を個別具体的に明示し，行政機関に許された命令制定の範囲・程度を明確に限定することが必要。
②委任される側の限界
委任の趣旨・目的を斟酌した上で，委任の範囲を逸脱した命令を制定することは許されない（通説）。

| | | 14. | B | 行政規則（行政命令）の意義について説明しなさい。 |

| | | 15. | B | 裁量基準と裁量権の逸脱・濫用（行政事件訴訟法30）の関係について説明しなさい。 |

| | | 16. | B | 行政規則（行政命令）の種類について説明しなさい。 |

| | | 17. | B | 通達の意義及び特徴について説明しなさい。 |

14. 　行政権の定立する一般的な定めで，法規たる性質を有しないものをいい，法律な
どの解釈の基準を示す（解釈基準），行政庁の裁量権行使の基準を示す（裁量基準）
などの機能を有するが，私人の権利や自由などに直接の影響を及ぼさない。

15. 　①裁量基準が適用された場合
　　(a)基準が不合理である場合（＝法の趣旨・目的を逸脱している），それに基づ
　　　いてなされた処分も違法となる。
　　(b)基準が合理的であっても，個別事情を考慮すべき義務（個別審査義務）があ
　　　る場合，個別審査義務を怠った場合には，処分も違法となり得る。
　②裁量基準が適用されなかった場合
　　裁量基準自体は法規ではないから，厳格に拘束されるわけではない。しかし，
合理的な理由がない限り等しく適用されるべきであり，合理的な理由がない場合
は平等原則違反や信義則違反の問題を生じうる（最判平27.3.3参照）。
　　cf. 判例（最判平10.7.16）には，酒類販売業の免許（酒税法10⑪）の認定
　　　基準を，通達が定めていた事案について，その認定基準の合理性が認められ
　　　れば，それに依拠した処分も原則として有効であるとしつつ，事案に応じた
　　　弾力的な運用に努めるべきであるとするものがある。

16. 　通達，要綱，告示

17. 　上級行政機関が下級行政機関の権限行使を指揮するために発する命令（国家行政
組織法14Ⅱ）であり，以下のような特徴を有する。
　　①法律の授権は不要である。また，公示は必ずしも必要でなく，国民に対し秘密
　　　とされる，いわゆる秘密通達も認められる（cf. 法規命令の場合には，外部に
　　　表示（公布）することが必要）。
　　②下級行政機関が国民に対し通達違反の処分を行っても，それが特定の国民につ
　　　いてのみ通達に違反して行われたような場合（平等原則違反）は別として，当
　　　該処分が通達に違反するものであることのみを理由に違法とされることはない
　　　（行政組織内部では法的拘束力を有するため，通達違反の処分を行った職員が
　　　行政組織内部において懲戒処分を課されることはある）。
　　③違法な通達が発せられて国民が事実上の不利益を被ったとしても，裁判で通達
　　　そのものを争うことはできない（国民は具体的な不利益処分が行われるのを待
　　　ち，行政処分がなされた段階で，この行政処分に対して行政訴訟などを提起し
　　　て，違法な通達を執行した具体的処分の違法性を争えばよい）。

☐ ＿＿／＿＿　**18.**　**B**　通達課税の適法性について説明しなさい。
☐ ＿＿／＿＿
☐ ＿＿／＿＿

☐ ＿＿／＿＿　**19.**　**B**　通達に反する処分の適法性について説明しなさい。
☐ ＿＿／＿＿
☐ ＿＿／＿＿

☐ ＿＿／＿＿　**20.**　**B**　通達の処分性について説明しなさい。
☐ ＿＿／＿＿
☐ ＿＿／＿＿

☐ ＿＿／＿＿　**21.**　**B**　要綱の意義について説明しなさい。
☐ ＿＿／＿＿
☐ ＿＿／＿＿

18.　　課税がたまたま通達を機縁として行なわれたものであっても，通達の内容が法の正しい解釈に合致するものである以上，課税処分は法の根拠に基づく処分とすることができる（最判昭33.3.28）。ただし，このような課税が信義則に違反しないかは検討する必要がある。

19.　　通達は行政内部の命令にすぎず，法規たる性質はないから，通達に反する行政処分は直ちに違法とならない。しかし，大量的反復的に行政処分を行っている場合，通達に反して処分が行われたときは，その処分について平等原則違反，信義則違反として違法になると解すべきである。

20.　　元来，通達は，原則として，法規の性質をもつものではなく，上級行政機関が関係下級行政機関及び職員に対してその職務権限の行使を指揮し，職務に関して命令するために発するものであり，このような通達は右機関及び職員に対する行政組織内部における命令にすぎないから，これらのものがその通達に拘束されることはあっても，一般の国民は直接これに拘束されるものではない。また，通達は，元来，法規の性質をもつものではないから，行政機関が通達の趣旨に反する処分をした場合においても，そのことを理由として，その処分の効力が左右されるものではない。さらに，裁判所がこれらの通達に拘束されることのないことはもちろんで，裁判所は，法令の解釈適用にあたっては，通達に示された法令の解釈とは異なる独自の解釈をすることができ，通達に定める取扱いが法の趣旨に反するときは独自にその違法を判定することもできる。よって，通達の処分性は認められない（最判昭43.12.24）。

　　cf.　裁判例には，「現実の行政事務の運営において通達がはたしている役割・機能の重要性およびその影響力も無視しえないのであって，こうした点をも併せ考えると，①通達であってもその内容が国民の具体的な権利，義務ないしは法律上の利益に重大なかかわりをもち，かつ，②その影響が単に行政組織の内部関係にとどまらず外部にも及び，国民の具体的な権利，義務ないしは法律上の利益に変動をきたし，③通達そのものを争わせなければその権利救済を全からしめることができないような特殊例外的な場合には，行政訴訟の制度が国民の権利救済のための制度であることに鑑みれば，通達を単に行政組織の内部的規律としてのみ扱い，行政訴訟の対象となしえないものとすることは妥当でなく，むしろ通達によって具体的な不利益を受ける国民から通達そのものを訴訟の対象としてその取消を求めることも許される」とするものもある（東京地判昭46.11.8）。

21.　　行政組織内部において定められる行政指導に関する基準

□ ___/___　22.　**B**　告示の意義について説明しなさい。
□ ___/___
□ ___/___

□ ___/___　23.　**A**　行政行為の意義について説明しなさい。
□ ___/___
□ ___/___

□ ___/___　24.　**A**　許可の意義と具体例について説明しなさい。
□ ___/___
□ ___/___

□ ___/___　25.　**B**　特許の意義と具体例について説明しなさい。
□ ___/___
□ ___/___

□ ___/___　26.　**B**　認可の意義と具体例について説明しなさい。
□ ___/___
□ ___/___

□ ___/___　27.　**A**　確認の意義と具体例について説明しなさい。
□ ___/___
□ ___/___

□ ___/___　28.　**B**　行政行為の効力について説明しなさい。
□ ___/___
□ ___/___

□ ___/___　29.　**B**　行政行為の公定力の意義について説明しなさい。
□ ___/___
□ ___/___

22. 　行政機関の意思又は事実を国民に表示すること，又はその表示の形式（国家行政組織法14Ⅰ）。法規たる性質を有するもの（最判平2.1.18は学習指導要領について法規たる性格を有するとしている）から，行政規則たる性質を有するものまで様々である。

23. 　①行政庁が，法律の定めるところに従い（＝行政行為には法律による行政の原理が直接的に妥当するため，法律の根拠が必要），
　②その一方的な判断に基づいて（＝契約と違い，行政行為の場合，行政と国民とは対等の関係にはないことが前提），
　③国民の権利義務その他の法的地位を具体的に決定する行為（＝具体的な事実について（法規命令との違い）国民の権利・自由又は義務に直接的な変動を及ぼす（行政内部で行われる行為との違い））

24. 　許可とは，法令に基づき一般的に禁止されている行為について，特定の場合又は相手方に限ってその禁止を解除するという法律効果を有する行政行為である。自動車運転免許などがこれにあたる。

25. 　特許とは，私人に対して新たに権利能力，権利，包括的法律関係を設定する行為をいう。公務員の任用や公企業の特許がこれにあたる。

26. 　認可とは，私人の行為を補充してその法律上の効力を完成せしめる行為をいう。農地売買の際の農地委員会の許可，鉄道事業者やバス事業者の運賃変更に対する国土交通大臣の認可などがこれにあたる。

27. 　確認とは，特定の事実又は法律関係に関し，疑い又は争いがある場合に，公の権威をもってその存否又は真否を確認する行為をいい，建築確認などがこれにあたる。

28. 　公定力，拘束力，不可争力，不可変更力，（自力）執行力

29. 　行政行為が違法である場合であっても，無効である場合を除いて，取消権限のある者（行政行為をした行政庁，その上級行政庁，不服審査庁，裁判所）によって取り消されるまで，何人もその行為の効力を否定できないという効力

□ ___/___ **30.** Ⓑ 行政行為の公定力の根拠について説明しなさい。
□ ___/___
□ ___/___

□ ___/___ **31.** Ⓑ 行政行為の公定力の限界について説明しなさい。
□ ___/___
□ ___/___

□ ___/___ **32.** Ⓑ 行政行為の拘束力の意義について説明しなさい。
□ ___/___
□ ___/___

30.　適法性推定説＝行政行為は裁判所の判決同様の権威を有し，適法性が推定される。
　　反射的効果説＝行政行為をした行政庁自身が職権により取り消す場合などは別に
　　　して，私人が行政行為を取り消してもらいたいと思って裁判所に訴える場合に
　　　は，取消訴訟制度によらなければならないのであって（取消訴訟の排他的管轄），
　　　取消権を有する者でなければ，私人であれ裁判所であれ他の行政庁であれ，そ
　　　の処分の効力を否定することはできない。すなわち，公定力は，取消訴訟制度
　　　が存在する結果として反射的に生じる効力にすぎない。

31.　①無効な行政行為
　　　違法な行政行為の中には，取消しを待つまでもなく当然に無効と評価されるも
　　のがある（瑕疵が重大かつ明白な場合）。無効な行政行為については，公定力は
　　働かない。
　　②他の処分，訴訟との関係
　　　ア　国家賠償請求訴訟との関係
　　　　　国家賠償請求訴訟は行政行為の違法性を理由に金銭による賠償を求めるも
　　　　のにすぎず，行政行為の効果を争うものではないため，国家賠償請求をする
　　　　ことは，行政行為の法的効果とは無関係である。したがって，行政行為によ
　　　　って私人が損害を受けた場合，直ちに国家賠償請求訴訟を提起してよい（取
　　　　消訴訟を先に提起する必要はない，最判昭36.4.21）。
　　　cf.　課税処分や金銭給付拒否処分のような，金銭の徴収・給付を目的とする
　　　　　行政行為についてはかかる議論が妥当しないとする学説があった（当該行
　　　　　為の違法を理由とする国家賠償請求訴訟は取消訴訟と効果が同一に帰すた
　　　　　め，公定力と抵触することを理由とする）。しかし，近時，上記のような
　　　　　行政行為についても同様の議論が妥当することを認めるかのような判例が
　　　　　現れた（最判平22.6.3）。
　　　イ　刑事訴訟
　　　　　犯罪の構成要件の解釈と公定力とは無関係であるから，行政行為に違反し
　　　　た者が刑事訴追を受けた場合，行政行為が違法であると主張するに際して，
　　　　別に取消訴訟を提起して行政行為の取消判決を得る必要はない（最判昭
　　　　53.6.16）。
　　　ウ　違法性の承継

32.　　行政行為がその内容に応じて相手方及び行政庁を拘束する効力。相手方が当該行
　　政行為に不服がある場合，法律の定めるところによりこれを争うことはできるが，
　　その取消しがあるまではこの行為に拘束される。また，行政庁も，当該行為を法律
　　の定める手続によって取り消さない限り，これによって拘束される。

☐ ／＿＿ ☐ ／＿＿ ☐ ／＿＿	**33.**	Ⓑ	行政行為の不可争力の意義について説明しなさい。

☐ ／＿＿ ☐ ／＿＿ ☐ ／＿＿	**34.**	Ⓑ	行政行為の不可変更力の意義について説明しなさい。

☐ ／＿＿ ☐ ／＿＿ ☐ ／＿＿	**35.**	Ⓑ	行政行為の（自力）執行力の意義及び趣旨について説明しなさい。

☐ ／＿＿ ☐ ／＿＿ ☐ ／＿＿	**36.**	Ⓑ	行政行為の（自力）執行力の法律の根拠の要否について説明しなさい。

☐ ／＿＿ ☐ ／＿＿ ☐ ／＿＿	**37.**	Ⓑ	行政行為の瑕疵の意義について説明しなさい。

33. 　行政行為ののち一定の期間が経過すると，行政行為の相手方からはその効力を争うことができなくなる効力であり，行政上の法律関係の早期確定の要請から導かれる。取消訴訟の出訴期間である6か月（行政事件訴訟法14 I）を過ぎると，国民からは争うことができなくなる。ただし，行政庁が職権により行政行為を取消し・撤回することは妨げられない。

34. 　一度行政行為をした行政庁は，自らこれを取り消すことが許されないという効力であり，権利確定行為や争訟裁断行為のような特定の種類のものに限り，認められる。権利確定行為や争訟裁断行為は，裁判所の判決と同様の効果を有するからである。

　　cf. 実質的確定力：当該行政行為で定められた内容が，それ以後の一切の機関の判断を拘束し，他の行政機関・裁判所はこれと矛盾する判断をすることができないという効力（判決の既判力に対応）

35. 　行政行為によって命じられた義務を国民が任意に履行しない場合に，行政庁自ら義務者に強制執行し，義務内容を実現することができる効力。下命，禁止など義務を課す行政行為に限り発生する。行政目的の早期実現，裁判所の負担軽減をその趣旨とする。

36. 　国民の権利を侵害する行為であるから，法律による行政の原理（法律の留保の原則）が及ぶ。また，行政代執行法1条が，「行政上の義務の履行確保に関しては，別に法律で定めるものを除いては，この法律の定めるところによる」と定めている。したがって，法律の根拠は必要である。

　　cf. 執行不停止の原則＝行政行為に対する不服申立てや抗告訴訟は，原則として自力執行力を妨げない（行政不服審査法25 I，行政事件訴訟法25 I）。

37. 　行政行為が法の定める要件を欠く場合（違法）又は裁量権の行使を誤り公益に反する場合（不当）。違法の瑕疵は，裁判所において争うことができるが，不当の瑕疵にとどまる場合には，行政不服申立てにおいてのみ争うことができる（なお，行政庁の側からの職権取消しは可能）。

☐ /		
☐ /		
☐ /		

38. **A** 行政行為が無効になる場合について説明しなさい。

☐ /		
☐ /		
☐ /		

39. **A** 違法性の承継について説明しなさい。

☐ /		
☐ /		
☐ /		

40. **B** 瑕疵の治癒が認められるかについて説明しなさい。

38. 重大明白説1（外観上一見明白説，最判昭36.3.7）＝行為に内在する瑕疵が重要な法規違反であること（瑕疵の重大性），瑕疵の存在が外観上明白であること（瑕疵の明白性）の2つの要件が必要である。そして，第三者の信頼保護の観点から，瑕疵が明白であるかどうかは，処分の外形上，客観的に，誤認が一見看取し得るものであるかどうかにより決すべきである。

重大明白説2（客観的明白説，調査義務違反説）＝行為に内在する瑕疵が重要な法規違反であること（瑕疵の重大性），瑕疵の存在が外観上明白であること（瑕疵の明白性）の2つの要件が必要である。そして，外観から誰しも一見して認識し得る場合のみならず，行政庁が行政行為をなすに際し，職務上当然に行うべき調査義務を尽くさず，そのために行政行為の重要な要件を誤認していた場合にも，瑕疵の明白性を認める。

明白性補充要件説＝瑕疵の重大性を無効の瑕疵の要件とするが，他に明白性などの要件を課すか否かについては，必ずしも要求すべきものではない。

cf. ただし，判例は，例外的事情がある場合には明白性要件を不要とする（最判昭48.4.26，最判平16.7.13）。また，下級審判例は，原子炉設置処分の無効確認訴訟において，生命，身体，健康，環境などの被侵害法益の重大性を重視し，明白性要件を不要とするものがある（名古屋高金沢支判平15.1.27）。

39. 行政庁の行為に処分性が認められる場合，取消訴訟の排他的管轄（公定力）が及ぶから，原則として先行行為の違法性を後行行為の取消訴訟において主張することは許されない。もっとも，①両者が一連の手続を構成していると評価できるかという実体法的側面，及び②先行行為の適否を争うための手続的保障が制度上，十分であるかといった手続法的側面の両面から考察し，後行行為の取消訴訟において，先行行為の違法性を取消事由として主張させることが相当である場合には，違法性の承継を認めるべきである（最判平21.12.17）。

cf. 先行する行為が無効な場合（あるいは，先行行為が「処分」ではない＝処分性がない場合）は，公定力が発生しないため，後行行為において直接先行行為の違法性を争うことができる（違法性の承継の問題ではない）。

40. 法律による行政の原理からすると，法令違反という瑕疵のある処分は違法であり，取り消し得るのが原則である。しかし，瑕疵のある処分を一旦取り消して再度同じ処分をするより，当初の処分の効力をそのまま維持する方が法的安定性に資する場合がある。そこで，一定の場合には瑕疵の治癒を認めるべきである。

もっとも，法律による行政の原理の例外であるから，要件は厳格にすべきである。具体的には，①瑕疵が軽微であり，②それを信頼する第三者の利益が存在している場合にのみ治癒を認めるべきと解する。

□ ／ □ ／ □ ／	**41.**	**B**	理由提示の欠缺又は不備について，瑕疵の治癒は認められるかについて説明しなさい。

□ ／ □ ／ □ ／	**42.**	**B**	違法行為の転換（瑕疵ある行政行為を，瑕疵がない別の行政行為として有効なものと扱うこと）が認められるかについて説明しなさい。

□ ／ □ ／ □ ／	**43.**	**A**	行政行為の（職権）取消しの意義について説明しなさい。

□ ／ □ ／ □ ／	**44.**	**B**	行政行為の（職権）取消しに係る法律の根拠の要否について説明しなさい。

□ ／ □ ／ □ ／	**45.**	**A**	受益的行政行為の（職権）取消しの可否について説明しなさい。

□ ／ □ ／ □ ／	**46.**	**B**	行政行為の（職権）取消しの適否が問題となった場合，裁判所の裁量審査の対象となるのは，原処分にかかる行政庁の判断，職権取消しにかかる行政庁の判断いずれかについて説明しなさい。

41.　理由提示の趣旨は，処分庁の判断の慎重・合理性の担保（恣意抑制機能），相手方に理由を知らせ，不服申立ての便宜を図る（不服申立便宜機能）点にあるため，瑕疵の治癒を認めるべきではない。また，事後に初めて具体的な処分の根拠を知らされた場合には，それ以前の手続において不服理由を十分に主張することができない。したがって，瑕疵の治癒は認められない（最判昭47.12.5）。

42.　確かに，違法行為の転換を認めることは，行政行為の不必要な繰り返しを避けるものであり，行政効率の観点からは好ましい。しかし，違法な行為を存続させることは法律による行政の原理の例外であり，広く認められるべきでない。また，争訟において違法行為の転換を認めると相手方である私人にとって不意打ちとなるおそれがある。
　　よって，これを認める要件は，厳格に解すべきである。具体的には，①転換前の行政行為と転換後の行政行為の具体的な目的が同一で，②転換後の行政行為が転換前の行政行為より相手方にとって実体的・手続的に不利益でなく，③転換後の処分がなされる蓋然性が認められる場合に限り，転換は認められるべきである。

43.　行政行為に当初から一定の取消原因が存在する場合に，権限のある行政庁がその法律上の効力を失わせ，既往に遡って初めからその行為が行われなかったと同様の状態に復させる行為

44.　法律による行政の原理に反する状態や，行政目的に違反した状態は速やかに除去されるべきであるから（法治国原理），法律の根拠は不要である（通説）。
　　cf.　近時の学説には，職権取消しについても法律上の根拠を要するとするものがある（ex. 違法建築物の除却命令）。

45.　相手方の信頼を害することから，行為の成立に相手方の不正行為がかかわっている場合，相手方の信頼を犠牲にしてもなお取消しを認めるべき公益上の必要性がある場合に限り，取り消すことができる。また，行政手続法の不利益処分に該当し，聴聞手続が必要となる場合がある（行政手続法13Ⅰ①イ）。
　　cf.　侵害的行政行為は自由に取り消すことが可能
　　cf.　不可変更力ある行政行為は，原則として取り消せない。

46.　行政庁が処分に違法又は不当（以下「違法等」と総称する。）があることを理由に職権で取り消す場合には，そのような違法等が客観的に存在することが求められる。したがって，職権取消しの適否が争われる訴訟においては，原処分に違法等があるか否かが直接の審理判断の対象となるというのが自然である。そして，職権取消しの対象とされた処分が裁量処分である場合には，裁量権の逸脱，濫用がある場合に違法等があることになるから，原処分に係る行政庁の裁量判断の当否を審理判断すべきである（最判平28.12.20）。

□ /	**47.** **A**	行政行為の撤回の意義について説明しなさい。
□ /		
□ /		

□ /	**48.** **A**	行政行為の撤回にかかる法律の根拠の要否について説
□ /		明しなさい。
□ /		

□ /	**49.** **A**	受益的行政行為の撤回の可否について説明しなさい。
□ /		
□ /		

□ /	**50.** **B**	行政財産の使用許可の撤回（使用許可に期限の定めが
□ /		ない場合）と損失補償の要否について説明しなさい。
□ /		

47. 行政行為に新たな事由（要件の事後的消滅，法令違反（義務違反行為に対する制裁），公益上の必要性等）が発生したために，将来にわたりその効力を失わせるためにする行政行為
    cf. 実定法の文言上「取消し」と規定されていることが多い（ex. 行政手続法13）。

48. 通常の侵害的行政行為とは異なり，私人の本来的自由が侵害されるわけではなく，侵害留保の原則が直接には妥当しない。また，行政行為の公益適合性を確保する必要もある。したがって，法律の根拠は不要である（通説）。
    cf. 処分の根拠となった法制度そのものに根拠を求める立場や授益的行為の撤回については，法律上の根拠を要するとする立場もある。
    cf. 近時の学説には，撤回事由によって法律の根拠の要否を区別して考えるべきであるとする見解もある。
      ①要件の事後的消滅（ex. 医薬品の製造承認に関して，事後的に副作用が判明した場合）→この場合の法的根拠は授権規定である。
      ②法令違反（義務違反行為に対する制裁。ex. スピード違反を理由とする免許の取消し）→この場合の法的根拠を授権規定に求めることは難しく，新たな法令の根拠が必要。
      ③公益上の必要性（ex. 行政財産の目的外使用許可の撤回）→新たな法令の根拠が必要であるとする見解と，授権規定に裁量が認められれば，授権規定が根拠規定になるとする見解がある。

49. 相手方の利益保護の観点から，①撤回の必要が相手の責めに帰すべき事情によって生じた場合，②相手方の同意がある場合，③公益上撤回が必要な場合（既得権保護の要請を上回るものでなければならず，認められたとしても，私人の既得権益などとの調整を必要とする）に限り，撤回が許される。また，行政手続法の不利益処分に該当し，聴聞手続が必要となる場合がある（行政手続法13Ⅰ①イ）。
    cf. 侵害的行政行為は自由に撤回が可能
    cf. 不可変更力ある行政行為は，原則として撤回できない。

50. 使用許可に期限がない場合，本来の用途・目的に照らして必要性が生じたときには，使用権は消滅するという内在的制約があるとみるべきである。よって，上記必要性が生じた場合には，使用権者は当該使用権を保有する実質的理由を失うから，原則として使用許可を得た地位自体に対する補償（権利対価補償）は不要である（移転費用，休業損害についての補償は必要な場合がある）。
    もっとも，使用許可を受けるために対価を支払っており，それを償却するに足りないと認められる期間に撤回がなされる場合や，別段の定めがある場合には，補償が必要となると解する（最判昭49.2.5）。

□ ___／___
□ ___／___ **51.** Ⓑ 行政裁量の意義について説明しなさい。
□ ___／___

□ ___／___
□ ___／___ **52.** Ⓑ 羈束行為と裁量行為の意義について説明しなさい。
□ ___／___

□ ___／___
□ ___／___ **53.** Ⓑ 裁量行為の種類について説明しなさい。
□ ___／___

□ ___／___
□ ___／___ **54.** Ⓑ 羈束裁量と自由裁量について説明しなさい。
□ ___／___

□ ___／___
□ ___／___ **55.** Ⓑ 羈束裁量行為に対する裁判所の審査方式・審査対象について説明しなさい。
□ ___／___

□ ___／___
□ ___／___ **56.** Ⓑ 自由裁量行為に対する裁判所の審査方式・審査対象について説明しなさい。
□ ___／___

51.　行政行為を行うに際し，法律により行政庁に認められた判断の余地。複雑多様な行政需要・高度に専門的な問題に対応するためには，行政庁の知識と判断能力に期待する方が結果的に妥当であることから，認められる。

52.　羈束行為＝法律が行政機関に政策的・行政的判断の余地を与えず，法律による厳格な拘束の下に行われる行為
　　裁量行為＝法律が行政機関に広汎な授権を行い，その授権に基づき，行政機関（行政庁）の政策的・行政的判断によって行われる行為

53.　要件裁量＝要件が充足されているかの認定における裁量
　　効果裁量＝行政行為を行うか，どのような行為を行うかの認定における裁量

54.　羈束裁量（法規裁量）＝法律の文言上は一義的に確定しないようにみえるが，法律が予定する客観的な基準が存在すると考えられる場合（＝何が法であるかの裁量）。裁量を誤る行為は違法行為となる。
　　ex．皇居外苑の使用許可，農地賃貸借の設定・移転の許可，運転免許の取消し
　　自由裁量（便宜裁量）＝純粋に行政機関の政策的・行政的判断に委ねられた場合。何が行政の目的に合致し，公益に適するかの裁量が認められ，裁量を誤る行為は原則として不当行為となるにとどまる（原則として司法審査は及ばない）。
　　ex．在留許可の更新，車両制限令上の道路管理者の認定，教科書検定と裁量審査，公務員への懲戒処分

55.　行政庁の判断を全面的に審査する，「判断代置方式」が採られる。
　　ex．当裁判所であればＡを選択したが，現実はＢが選択された→違法

56.　原則として行政庁の判断を尊重し，例外的に裁量権の逸脱・濫用の審査のみ行う（裁量権の逸脱・濫用となる場合のみ違法となる）。

57. **B** 羈束裁量と自由裁量を区別する基準について説明しなさい。

58. **B** 裁量審査の方法について説明しなさい。

59. **B** 判断過程審査の具体的方法について説明しなさい。

60. **B** 代執行の意義について説明しなさい。

57.　自由裁量行為であっても，裁量権の逸脱・濫用の有無については裁判所の審査が及び，裁量権の逸脱・濫用があれば裁量処分も裁判所により取り消されるし（行政事件訴訟法30），現在では，要件裁量・効果裁量共に，認められるということについて争いはないため，羈束裁量と自由裁量の区別は相対化している。そこで，裁量を認めるべきか，これを否定すべきかという二者択一的な議論ではなく，裁判所が裁量審査をするに当たりどの程度踏み込むべきかという審査密度の問題へと移行している。すなわち，ある行政処分について裁量が認められるとして，どのような点に裁量が認められるか，認められる裁量の広狭・程度はどのようなものかを，根拠法令の法的仕組みの個別具体的な解釈により明らかにすることが重要であり，①法律の文言（不確定概念，複数の選択肢）と，②処分の性質（侵害処分か受益処分か，また政治的・専門技術的判断が要求されるか）の両面からアプローチする。

　　cf.　不確定概念をもって定められているからといって常に裁量が認められるわけではないので注意（最判平9.1.28）

58.　1　裁量処分の結果に着目するもの（社会観念審査）
　　(1)　事実誤認
　　(2)　目的違反・動機違反
　　(3)　信義則違反
　　(4)　平等原則違反
　　(5)　比例原則違反
　　2　判断過程審査
　　　　裁量処分に至る行政庁の判断形成過程に着目し，その合理性の有無という観点から裁量審査を行う方法
　　3　手続的審査
　　　　裁量処分の違法性を審査する場合に，実体法上の審査とは別次元で，処分庁が履践しなければならない事前手続に着目して裁判的コントロールを及ぼす方法

59.　行政庁の裁量権の行使としての処分が，全くの（重要な）事実の基礎を欠くか，又は社会通念上著しく妥当性を欠き，裁量権の範囲を超え又は逸脱してされたと認められる場合に限り違法である（行政事件訴訟法30）。

　　cf.　近時の判例は，「重視すべきでない考慮要素を重視するなど，考慮した事項に対する評価が明らかに合理性を欠いており，他方，当然考慮すべき事項を十分考慮しておらず，その結果，（重要な事実の基礎を欠くか，又は）社会通念に照らし著しく妥当性を欠く」という表現を使っている（最判平8.3.8，最判平18.2.7）。

60.　他人が代わってすることができる作為義務（代替的作為義務）が履行されない場合に，当該行政庁が自ら義務者のすべき行為をし，又は第三者にこれをさせ，その費用を義務者から徴収すること

□ ／
□ ／   **61.**   B   代執行の対象について説明しなさい。
□ ／

□ ／   **62.**   B   代執行の実体要件について，説明しなさい。
□ ／
□ ／

□ ／   **63.**   B   代執行の手続要件について，説明しなさい。
□ ／
□ ／

□ ／   **64.**   B   甲市長Ｙは，同市職員組合Ｘに市庁舎の一部を組合事
□ ／   務所として使用することを許可していたが，これを取り
□ ／   消した。この場合，建物の明渡義務が生じるところ，こ
                れは非代替的作為義務であるから，代執行の対象となら
                ないが，当該建物内に存置されている物件の撤去につい
                ては，代執行の対象となるかについて説明しなさい。

□ ／   **65.**   B   「戒告」（行政代執行法３ⅠⅡ）の処分性について説明
□ ／   しなさい。
□ ／

61. 「法律（法律の委任に基く命令，規則及び条例を含む。以下同じ。）により直接に命ぜられ，又は法律に基き行政庁により命ぜられた行為（他人が代ってなすことのできる行為に限る。）」（行政代執行法2）

62. ①「他の手段によつてその履行を確保することが困難であ」ること，②「その不履行を放置することが著しく公益に反すると認められるとき」であること（行政代執行法2）

63. 戒告（行政代執行法3Ⅰ）→代執行令書による通知（同法3Ⅱ Ⅲ）→代執行の実行，証票の携帯（同法4）→費用の徴収（同法5，6Ⅰ，Ⅱ）

64. 存置物件の搬出は明渡しに伴う付随的な行為にすぎず，存置物件の搬出のみを取り上げて代執行の対象とすることはできない。したがって，甲市を原告とする民事訴訟（又は公法上の当事者訴訟）を提起するしかない（「財産権の主体として，自己の財産上の権利利益の保護救済を求める場合」なので，「法律上の争訟」に当たる）（大阪高決昭40.10.5）。

65. 確かに，戒告は代執行そのものではなく，またこれによって新たな義務を課す行政処分ではない。しかし，代執行が行われることをほぼ確実に示すものであり，代執行の段階に入れば多くの場合直ちに執行は終了し，救済の実効性に欠ける。そこで，後に続く代執行と一体的な行為として処分性が認められると解する（大阪高決昭40.10.5）。

☐ ／
☐ ／
☐ ／ **66.** Ｂ 　行政上の義務を司法裁判所の下で実現させる，司法的執行の方法を採ることは許されるかについて，①個別法に特別の規定がある場合（行政上の強制執行ができる場合）と，②個別法に特別の規定がない場合（行政上の強制執行ができない場合）とに分けて説明しなさい。

☐ ／
☐ ／
☐ ／ **67.** Ｂ 　行政調査に関して，行政調査権限を犯罪捜査のために認められたものと解してはならないという規定が置かれていることが多いところ（国税通則法74条の8など），行政調査結果を刑事責任追及のために利用することは一切禁じられるのかについて説明しなさい。

☐ ／
☐ ／
☐ ／ **68.** Ｂ 　違法な行政調査とそれに基づく行政処分の効力との関係について説明しなさい。

66. ①立法者が行政上の強制執行のような<u>簡易・迅速な仕組み</u>を用意したことの中に，それを活用することが適切であるという立法判断が認められる。したがって，司法的執行は許されない（バイパス理論）。

②(a)<u>財産権</u>の主体として，自己の財産上の権利利益の保護救済を求める場合には，「法律上の争訟」に当たるが，(b)専ら<u>行政権</u>の主体として，国民に対して行政上の義務の履行を求める場合には，不適法である。行政上の義務には，法令により直接命じられるものと，行政庁が法令に基づいて発した行政処分によって命じられるものとがあるが，いずれの場合であっても，その根拠となる行政上の権限は，通常，公益確保のために認められているにすぎず，行政主体がその実現について主観的な権利を有するとは解し難いため，「法律上の争訟」に当たらない（裁判所法3Ⅰ）。また，行政代執行法は，行政上の義務の履行確保の一般的手段としては行政代執行に限って認める趣旨で制定された法律であるし，一般に国又は地方公共団体が国民に対して行政上の義務の履行を求める訴訟を提起することを認める特別の規定は存在しないから，「その他法律において特に定める」場合（裁判所法3Ⅰ）にも当たらないからである。

67. 行政調査を端緒として，犯罪捜査に移行するといったプロセスは決して異例なものではないが，犯罪捜査の方が手続が厳格であるから，<u>行政調査</u>が<u>犯罪捜査の手段</u>として行われたのでなければ，許される（質問検査について，最決平16.1.20）。

cf. 犯罪捜査によって得られた資料を行政処分に用いることは可能（犯則調査について最判昭63.3.31）

68. 行政調査は一般的には行政側の情報収集として行われるものであり，その結果行政行為が行われることもあるし，また行われずに済む場合もある。すなわち，行政調査と行政行為は<u>独立した制度</u>であるから，当然には，調査の違法は行政行為の違法を構成しない。

もっとも，<u>適正手続の観点</u>（憲法31）から，行政調査と行政行為は<u>一つの過程</u>を構成しているものといえるため，行政調査に<u>重大な</u>瑕疵が存在する場合は，当該行政調査を経てなされた行政行為も瑕疵を帯びると解すべきである（東京地判昭48.8.8，大阪地判平2.4.11等）。

cf. 違法な調査の結果が後続の処分の要件を構成している場合には，処分要件の欠缺によって処分が違法となる可能性がある（ex. 客観的・実証的な基礎調査の結果に基づかない都市計画変更決定は，都市計画法の趣旨に反して違法となり得る。東京高判平17.10.20参照）。

cf. 行政機関がある決定をする場合には，何らかの情報が必要であり，調査の先行しない行政決定はないといってよく，法律による行政の原理を実現するため，行政庁には調査義務があると考えられ，行政機関がおよそ調査にもとづかない事実の憶測によって案件を処理することは，一種の権限濫用として，それ自体で当該行政処分の瑕疵を構成するとされている。

□ ___/___ □ ___/___ □ ___/___	**69.** 🅑	公表の意義及び法的根拠の要否について説明しなさい。

□ ___/___ □ ___/___ □ ___/___	**70.** 🅑	公表の争い方について説明しなさい。

□ ___/___ □ ___/___ □ ___/___	**71.** 🅑	公害防止協定の法的性格について説明しなさい。

□ ___/___ □ ___/___ □ ___/___	**72.** 🅑	水道法15条１項の「正当の理由」の意義について説明しなさい。

□ ___/___ □ ___/___ □ ___/___	**73.** 🅑	行政手続法の対象について説明しなさい。

69. 　私人が行政庁の指示や勧告に従わなかった場合に，行政庁が違反事実及び当該私人の名前を公表することをいう。それ自体は，一定の事実ないし名前を公表するというだけの行為なので，事実行為にすぎないが，国民にとっては重大な不利益が及び，かつ，事後的な回復が不可能であるため，義務履行確保のための公表制度を設けるには，法律の根拠が必要である。

70. 　公表の前提となる勧告（行政指導）を当事者訴訟（行政事件訴訟法4後段）で争う，公表の前提となる命令を差止訴訟（同法3Ⅶ）で争う，人格権を根拠に公表の差止請求を行うなどの手段で争うことが考えられる。

71. 　紳士協定説＝公害防止協定の法的拘束力を一律に否定する説。
　契約説＝契約としての法的拘束力を肯定する説。契約説は，さらに，(a)民事訴訟によって協定上の義務の履行を強制できるとする民事契約説，(b)これを行政契約（公法上の契約）と解し，公法上の当事者訴訟（行政事件訴訟法4）によって，協定上の義務の履行を強制できるとする行政契約説（公法契約説）に分かれる。
　cf. 最判平21.7.10は契約説を前提としているが，(a)民事契約説か(b)行政契約説かは明らかではない。

72. 　水道事業者の正常な企業努力にもかかわらず給水契約の締結を拒まざるを得ない理由を指すものと解されるが，具体的にいかなる事由がこれに当たるかについては，同項の趣旨，目的のほか，法全体の趣旨，目的や関連する規定に照らして合理的に解釈するのが相当である（最判平11.1.21）。

73. 　「処分，行政指導及び届出に関する手続並びに命令等を定める手続」（行政手続法1）
　cf. 行政上の強制執行，行政調査，行政計画，行政契約は規定されず。
　cf. 個別法に特別の定めがある場合には，それに従う（法1Ⅱ）。

☐ ＿＿／＿＿ **74.** **B** 行政手続法にいう「処分」,「行政指導」,「届出」及び「命
☐ ＿＿／＿＿ 令等」の意義について説明しなさい。
☐ ＿＿／＿＿

☐ ＿＿／＿＿ **75.** **B** 地方公共団体が行う「処分，行政指導及び届出に関す
☐ ＿＿／＿＿ る手続並びに命令等を定める手続」のうち，行政手続法
☐ ＿＿／＿＿ の適用除外となっているものについて説明しなさい。

☐ ＿＿／＿＿ **76.** **B** 「申請」の意義について説明しなさい。
☐ ＿＿／＿＿
☐ ＿＿／＿＿

☐ ＿＿／＿＿ **77.** **B** 申請に対する処分の手続について説明しなさい。
☐ ＿＿／＿＿
☐ ＿＿／＿＿

1
総論・行政作用法

74. 　処分＝行政庁の処分その他公権力の行使に当たる行為をいう（行政手続法２②）。
　行政指導＝行政機関がその任務又は所掌事務の範囲内において一定の行政目的を
　実現するため特定の者に一定の作為又は不作為を求める指導，勧告，助言その
　他の行為であって処分に該当しないものをいう（行政手続法２⑥）。
　届出＝行政庁に対し一定の事項の通知をする行為（申請に該当するものを除く。）
　であって，法令により直接に当該通知が義務付けられているもの（自己の期待
　する一定の法律上の効果を発生させるためには当該通知をすべきこととされて
　いるものを含む。）をいう（行政手続法２⑦）。
　命令等＝内閣又は行政機関が定める，(a)法律に基づく命令（処分の要件を定める
　告示を含む。）又は規則，(b)審査基準（申請により求められた許認可等をする
　かどうかをその法令の定めに従って判断するために必要とされる基準をい
　う。），(c)処分基準（不利益処分をするかどうか又はどのような不利益処分とす
　るかについてその法令の定めに従って判断するために必要とされる基準をい
　う。），及び(d)行政指導指針（同一の行政目的を実現するため一定の条件に該当
　する複数の者に対し行政指導をしようとするときにこれらの行政指導に共通し
　てその内容となるべき事項をいう。）をいう（行政手続法２⑧）。

75. 　①地方公共団体の機関がする処分（その根拠となる規定が条例又は規則に置かれ
　ているものに限る。），②行政指導，③地方公共団体の機関に対する届出（通知の根
　拠となる規定が条例又は規則に置かれているものに限る。），④地方公共団体の機関
　が命令等を定める行為（法３Ⅲ）

76. 　法令に基づき，行政庁の許可，認可，免許その他の自己に対し何らかの利益を付
　与する処分を求める行為であって，当該行為に対して行政庁が諾否の応答をすべき
　こととされているものをいう（行政手続法２③）。

77. 　(1)審査基準の設定，公表義務（法５）
　(2)標準処理期間設定の努力義務（定めた場合は公表義務，法６）
　(3)申請に対する行政庁の審査・応答義務（法７）
　(4)理由の提示義務（法８）
　(5)情報提供の努力義務（法９）
　(6)公聴会開催の努力義務（法10）
　(7)複数の行政庁が関与する処分に関する手続（２項は努力義務，法11）

☐ ＿＿／＿＿ **78.** Ⓑ 「不利益処分」の意義について説明しなさい。
☐ ＿＿／＿＿
☐ ＿＿／＿＿

☐ ＿＿／＿＿ **79.** Ⓑ 不利益処分の手続について説明しなさい。
☐ ＿＿／＿＿
☐ ＿＿／＿＿

☐ ＿＿／＿＿ **80.** Ⓑ 理由提示（行政手続法8，14）の程度について説明し
☐ ＿＿／＿＿ なさい。
☐ ＿＿／＿＿

78.　行政庁が，法令に基づき，特定の者を名あて人として，直接に，これに義務を課し，又はその権利を制限する処分をいう。ただし，①事実上の行為及び事実上の行為をするに当たりその範囲，時期等を明らかにするために法令上必要とされている手続としての処分，②申請により求められた許認可等を拒否する処分その他申請に基づき当該申請をした者を名あて人としてされる処分，③名あて人となるべき者の同意の下にすることとされている処分，及び④許認可等の効力を失わせる処分であって，当該許認可等の基礎となった事実が消滅した旨の届出があったことを理由としてされるものを除く（行政手続法2④）。

79.　(1)審査基準の設定，公表の努力義務（法12）
　　(2)聴聞又は弁明の機会（簡易の手続）の付与義務（法13）
　　(3)理由の提示義務（法14）

80.　どの程度の理由の提示（記載）をなすべきかは，処分の性質と理由提示を命じた各法律の規定の趣旨・目的に照らしてこれを決定すべきであるところ（最判昭38.5.31），一般に，理由提示の趣旨は，申請者（被処分者）の不服申立ての便宜を図るとともに，行政庁の判断の慎重と公正妥当を担保し，恣意を抑制することにあるから，適用法条を示すだけで当該規定の原因となった具体的事実関係をも当然に知り得るような場合や，適用法条内に複数の要件が含まれる場合でも，事実関係の摘示によりどの要件に該当するのかを知り得る場合などの例外的な場合を除き，原則として，いかなる事実関係に基づきいかなる法規を適用して当該処分がされたのかを，処分の相手方においてその提示内容自体から了知し得るものでなければならない（不利益処分について最判昭49.4.25，申請に対する処分について最判昭60.1.22）。
　　cf.　被処分者が処分理由を推知できると否とにかかわらないとされる（最判平23.6.7の田原補足意見は，「第三者においてもその記載自体からその処分理由が明らかとなるものでなければならない」と理解する）。理由提示は，処分の公正妥当を担保する趣旨をも含むからである。
　　cf.　近時判例は，不利益処分の事案について，「当該処分の根拠法令の規定内容，当該処分に係る処分基準の存否及び内容並びに公表の有無，当該処分の性質及び内容，当該処分の原因となる事実関係の内容等を総合考慮してこれを決定すべきである」とした上で，当該事案においては，「処分の原因となる事実及び処分の根拠法条に加えて，本件処分基準の適用関係が示されなければ，処分の名宛人において，……いかなる理由に基づいてどのような処分基準の適用によって当該処分が選択されたのかを知ることは困難である」とした（最判平23.6.7，申請に対する処分についても射程が及ぶと解されている）。

☐ /	**81.**	**B**	行政指導の一般原則について説明しなさい。
☐ /			
☐ /			

☐ /	**82.**	**B**	申請に対する行政指導の一般原則について説明しなさ
☐ /			い。
☐ /			

☐ /	**83.**	**B**	行政指導が行われている場合の建築確認の留保の適法
☐ /			性について説明しなさい。
☐ /			

81. (1) 行政指導にあっては，行政指導に携わる者は，いやしくも当該行政機関の任務又は所掌事務の範囲を逸脱してはならない（行政手続法32Ⅰ）。
    (2) 行政指導の内容があくまでも相手方の任意の協力によってのみ実現されるものであることに留意しなければならない（行政手続法32Ⅰ）。
    (3) 行政指導に携わる者は，その相手方が行政指導に従わなかったことを理由として，不利益な取扱いをしてはならない（行政手続法32Ⅱ）。

82. 申請の取下げ又は内容の変更を求める行政指導にあっては，行政指導に携わる者は，申請者が当該行政指導に従う意思がない旨を表明したにもかかわらず当該行政指導を継続すること等により当該申請者の権利の行使を妨げるようなことをしてはならない（行政手続法33）。

83. 確認処分の留保は，建築主の任意の協力・服従のもとに行政指導が行われていることに基づく事実上の措置にとどまるものであるから，建築主において自己の申請に対する確認処分を留保されたままでの行政指導には応じられないとの意思を真摯かつ明確に表明している場合には，かかる建築主の明示の意思に反してその受忍を強いることは許されず，建築主が行政指導に不協力・不服従の意思を表明している場合には，当該建築主が受ける不利益と行政指導の目的とする公益上の必要性とを比較衡量して，行政指導に対する建築主の不協力が社会通念上正義の観念に反するものといえるような特段の事情が存在しない限り，行政指導が行われているとの理由だけで確認処分を留保することは，違法である（最判昭60.7.16）。

□ ___/___	**84.** B	行政処分に手続違反があった場合，当然にその行政処
□ ___/___		分の取消事由を構成するかについて説明しなさい。
□ ___/___		

□ ___/___	**85.** B	「届出」の意義について説明しなさい。
□ ___/___		
□ ___/___		

□ ___/___	**86.** B	届出手続と受理概念の関係につき説明しなさい。
□ ___/___		
□ ___/___		

84. 　肯定説＝公正な手続があって初めて適法な行政処分が成り立つこと，国民には正
しい手続が履践されることにつき手続的権利が保障されていることから，取消
事由を構成する。
　否定説＝正しい手続をやり直しても当該事案について内容的に同じ結果が想定さ
れる場合には，手続的瑕疵のある処分を取り消す必要はないから，取消事由を
構成しない。
　手続の公正さ自体を確保するための手続か，処分の内容の適正さを担保するため
の手続かで分けて考える説（判例？）＝①理由提示の趣旨は行政の恣意抑制機
能と不服申立便宜機能にあるところ，その瑕疵は手続全体の公正を害すること
から，理由提示の違法は取消事由を構成する。②告知・聴聞手続は，処分の公
正の確保と処分に至る行政手続の透明性の向上を図り，もって当該処分の名あ
て人となるべき者の権利保護を図る観点から，公正・透明な手続を法的に保障
しつつ，処分の原因となる事実について，その名あて人となるべき者に対して
自らの防御権を行使する機会を付与する趣旨であるところ，その瑕疵は手続全
体の公正を害するから，告知・聴聞の違法は取消事由を構成する。③審査基準
の設定・公表は，それのみで手続的公正の確保を図っているものではなく，理
由提示を十全ならしめるためのものであり，この理由の提示と相まって手続的
公正の確保を図るものであるから，理由の提示が適切になされていれば，審査
基準の設定あるいは公表を欠いた申請拒否処分がされた場合でも，このことか
ら直ちに当該拒否処分が違法となるとはいえない。したがって，審査基準の設
定・公表の瑕疵は取消事由を構成しない。
　有力説＝行政手続法の制定により，(a)告知・聴聞，(b)理由の提示，(c)文書閲覧，
(d)審査基準の設定・公表（適正手続4原則）については，国民の手続上の権利
であり，それらの侵害は処分の取消事由となる。

85. 　行政庁に対し一定の事項の通知をする行為（申請に該当するものを除く。）であ
って，法令により直接に当該通知が義務付けられているもの（自己の期待する一定
の法律上の効果を発生させるためには当該通知をすべきこととされているものを含
む。）をいう（行政手続法2⑦）。

86. 　届出が届出書の記載事項に不備がないこと，届出書に必要な書類が添付されてい
ることその他の法令に定められた届出の形式上の要件に適合している場合は，当該
届出が法令により当該届出の提出先とされている機関の事務所に到達したときに，
当該届出をすべき手続上の義務が履行されたものとするため（行政手続法37条），
不受理行為（返戻）は違法となる。その意味で，不受理概念は否定されている。

2 行政救済法

☐ ／
☐ ／　　1.　**B**　　行政事件訴訟法上の訴訟類型について説明しなさい。
☐ ／

☐ ／
☐ ／　　2.　**B**　　行政事件訴訟法上の取消訴訟と行政不服審査法上の不
☐ ／　　　　　　　服申立てとの関係について説明しなさい。

☐ ／
☐ ／　　3.　**B**　　処分の取消訴訟と裁決の取消訴訟の関係について説明
☐ ／　　　　　　　しなさい。

2　行政救済法

1.　「行政事件訴訟」とは，抗告訴訟，当事者訴訟，民衆訴訟及び機関訴訟をいう（行政事件訴訟法2）。
　(1)　主観訴訟（国民の権利利益の保護を目的とする訴訟）
　　ア　抗告訴訟（行政事件訴訟法3Ⅰ）
　　　①処分の取消しの訴え（行政事件訴訟法3Ⅱ）
　　　②裁決の取消しの訴え（行政事件訴訟法3Ⅲ）
　　　③無効等確認の訴え（行政事件訴訟法3Ⅳ）
　　　④不作為の違法確認の訴え（行政事件訴訟法3Ⅴ）
　　　⑤義務付け訴訟（行政事件訴訟法3Ⅵ）
　　　⑥差止訴訟（行政事件訴訟法3Ⅶ）
　　イ　当事者訴訟（行政事件訴訟法4）
　　　①形式的当事者訴訟（行政事件訴訟法4前段）
　　　②実質的当事者訴訟（行政事件訴訟法4後段）
　(2)　客観訴訟（行政活動の適法性の確保及び客観的な法秩序の維持を目的とする訴訟）
　　ア　民衆訴訟（行政事件訴訟法5）
　　イ　機関訴訟（行政事件訴訟法6）
　　　cf.　民衆訴訟及び機関訴訟は，法律に定める場合において，法律に定める者に限り，提起することができる（行政事件訴訟法42）。

2.　原則として，自由選択主義が採用されており，審査請求ができる場合でも，取消訴訟の提起は可能である（行政事件訴訟法8Ⅰ本文）。もっとも，法律に不服申立ての先行を要求する定めがある場合には，不服申立前置主義がとられている（行政事件訴訟法8Ⅰただし書）。このとき，不服申立前置は，適法な不服申立てを誤って却下した場合にも満たされると解されている（最判昭36.7.21）。
　なお，同一の処分に取消訴訟と審査請求が共になされた場合，裁判所と審査庁の判断が矛盾することを避けるため，裁決があるまで訴訟を中止することができ（行政事件訴訟法8Ⅲ），訴訟の中止中に，取消しの裁決があったときは，訴えの利益が消滅し，訴えが却下される。
　cf.　逆に，審査請求の裁決の前に裁判所による取消しの判決が確定した場合には，取消判決の形成力により処分は失効，関係行政庁は判決に拘束される（法32Ⅰ，33Ⅰ）。

3.　原則として，原処分の違法は原処分の取消によってのみ主張可能であるという原処分主義がとられている。これにより，裁決の取消しの訴えでは，裁決固有の違法のみしか主張できない（行政事件訴訟法10Ⅱ）。もっとも，特別法の定めがある場合には，裁決に対してのみ出訴が認められる裁決主義がとられる。

☐ /	4.	**B**	取消訴訟の訴訟要件について説明しなさい。
☐ /			
☐ /			

☐ /	5.	**A**	「行政庁の処分その他公権力の行使に当たる行為」（行
☐ /			政事件訴訟法3Ⅱ）の意義について説明しなさい。
☐ /			

☐ /	6.	**A**	「法律上の利益を有する者」（行政事件訴訟法9Ⅰ）の
☐ /			意義について説明しなさい。
☐ /			

☐ /	7.	**A**	（狭義の）訴えの利益の意義について説明しなさい。
☐ /			
☐ /			

4.　①不服申立前置（法律がある場合），②処分性，③原告適格，④狭義の訴えの利益（訴えの客観的利益），⑤被告適格，⑥出訴期間の遵守，⑦裁判管轄があること

5.　取消訴訟は，本来行政行為の公定力を排除するための訴訟類型として規定されたものであるから，「処分」とは，公権力の主体たる国又は公共団体が行う行為のうち（①公権力性），その行為によって，直接国民の権利義務を形成し又はその範囲を確定することが法律上認められているもの（②直接・具体的法効果性）であるのが原則である（最判昭39.10.29）。しかし，今日における行政主体と国民との関わり合いは従来想定されていた単純なものにとどまらない。また，近時は，行政行為の公定力は取消訴訟における排他的管轄に基づくものであると考えられている。したがって，上記基準を基本としつつも，立法者意思，紛争の成熟性，国民の実効的権利救済などの様々な観点を考慮に入れて，処分性を判定すべきであると考える。

6.　取消訴訟は客観訴訟（行政活動の客観的適法性一般の維持を直接に目的とする）ではなく，主観訴訟（違法な行政活動によって生ずる権利侵害に対し，被害者に具体的な救済を与えることのみを目的とする）であるから，「法律上の利益を有する者」とは，当該処分により自己の権利若しくは法律上保護された利益を侵害され，又は必然的に侵害されるおそれのあるものをいい，当該処分を定めた行政法規が，不特定多数者の具体的利益を専ら一般的公益の中に吸収解消させるにとどめず，それが帰属する個々人の個別的利益としてもこれを保護すべきものとする趣旨を含むと解される場合には，このような利益も法律上保護された利益に当たると解する。そして，処分の相手方以外の者について「法律上の利益を有する者」に当たるかを判断する際には，同条2項に掲げる判断要素を勘案することとなる（最判昭53.3.14等）。
　　cf.　原告適格判定の順序
　　①まず，被侵害利益を特定
　　②当該利益は，根拠法令（及び関係法令）が，一般的公益の実現のために，当該処分を通じて保護しようとする特定又は不特定多数の者の利益に当たるか
　　③根拠法は，その利益を，個々人の個別的利益としても保護しているか
　　　ⓐ被侵害利益が生命身体の安全（それに準じる利益）の場合
　　　　→範囲を特定した上で，切り出し
　　　ⓑ被侵害利益が生命身体以外の場合
　　　　→当該利益を特別に保護していると解される法的根拠を探す。
　　　　→見つかれば，範囲を特定した上で，切り出し。見つからなければ，一般的公益に吸収解消される。
　　④その個別的利益が，原告について現実的に侵害され，又は侵害されるおそれがあるか

7.　訴訟を維持する客観的な事情・実益

□ / □ / □ /	**8.**	**B**	（狭義の）訴えの利益の「延長」について説明しなさい。

□ / □ / □ /	**9.**	**B**	訴えの利益の有無の判断方法について説明しなさい。

8.　「処分又は裁決の効果が期間の経過その他の理由によりなくなった後においても
なお処分又は裁決の取消しによって回復すべき法律上の利益を有する者」（行政事
件訴訟法9Ⅰかっこ書）については，訴えの利益は失われない。

9.　行政処分の取消訴訟の目的は，処分の法的効果により個人の権利利益を侵害され
ている場合に，判決によりその法的効果を遡及的に消滅させ，個人の権利利益を回
復させることにある（最判昭47.12.12，最判昭57.4.8等）。このような取消訴訟
の目的からすると，当該行政処分の取消しの訴えは，国民の権利利益を侵害する処
分の法的効果が存続しており，これが取り消されることによって処分により侵害さ
れた国民の権利利益が回復される場合に限り，その利益を肯定することができると
いうことになる。したがって，訴えの利益の存否については，処分が取消判決によ
って除去すべき法的効果を有しているか否か，処分を取り消すことによって回復さ
れる法的利益が存するのか否かという観点から検討されることになる。

2
行政救済法

□ ／
□ ／ **10.** Ⓑ 　行政手続法12条1項により定められ公にされている処
□ ／ 　　　　　　　分基準に先行の処分を受けたことを理由として後行の処
　　　　　　　　　　　　分に係る量定を加重する旨の定めがある場合，上記先行
　　　　　　　　　　　　の処分の効果が期間の経過によりなくなった後において
　　　　　　　　　　　　も，先行の処分の取消しを求める訴えの利益は認められ
　　　　　　　　　　　　るかについて説明しなさい。

□ ／
□ ／ **11.** Ⓑ 　取消訴訟の訴訟物について説明しなさい。
□ ／

□ ／
□ ／ **12.** Ⓑ 　違法判断の基準時について説明しなさい。
□ ／

10. 「行政手続法は，行政運営における公正の確保と透明性の向上を図り，もって国民の権利利益の保護に資することをその目的とし（1条1項），行政庁は，不利益処分をするかどうか又はどのような不利益処分とするかについてその法令の定めに従って判断するために必要とされる基準である処分基準（2条8号ハ）を定め，かつ，これを公にしておくよう努めなければならないものと規定している（12条1項）。

上記のような行政手続法の規定の文言や趣旨等に照らすと，同法12条1項に基づいて定められ公にされている処分基準は，単に行政庁の行政運営上の便宜のためにとどまらず，不利益処分に係る判断過程の公正と透明性を確保し，その相手方の権利利益の保護に資するために定められ公にされるものというべきである。したがって，行政庁が同項の規定により定めて公にしている処分基準において，先行の処分を受けたことを理由として後行の処分に係る量定を加重する旨の不利益な取扱いの定めがある場合に，当該行政庁が後行の処分につき当該処分基準の定めと異なる取扱いをするならば，裁量権の行使における公正かつ平等な取扱いの要請や基準の内容に係る相手方の信頼の保護等の観点から，当該処分基準の定めと異なる取扱いをすることを相当と認めるべき特段の事情がない限り，そのような取扱いは裁量権の範囲の逸脱又はその濫用に当たることとなるものと解され，この意味において，当該行政庁の後行の処分における裁量権は当該処分基準に従って行使されるべきことがき束されており，先行の処分を受けた者が後行の処分の対象となるときは，上記特段の事情がない限り当該処分基準の定めにより所定の量定の加重がされることになるものということができる。

以上に鑑みると，行政手続法12条1項の規定により定められ公にされている処分基準において，先行の処分を受けたことを理由として後行の処分に係る量定を加重する旨の不利益な取扱いの定めがある場合には，上記先行の処分に当たる処分を受けた者は，将来において上記後行の処分に当たる処分の対象となり得るときは，上記先行の処分に当たる処分の効果が期間の経過によりなくなった後においても，当該処分基準の定めにより上記の不利益な取扱いを受けるべき期間内はなお当該処分の取消しによって回復すべき法律上の利益を有するものと解するのが相当である」（最判平27.3.3）。

11. 係争処分の違法性一般であり，個々の違法事由ではない（通説）。

12. 処分時（最判昭27.1.25）
cf. 不作為の違法確認の訴え，義務付けの訴えにおいては，違法判断の基準時は口頭弁論終結時

□ ___/___ **13.** **B** 処分理由の差替え，追加の可否について説明しなさい。
□ ___/___
□ ___/___

□ ___/___ **14.** **B** 取消訴訟において原告が主張できる違法の範囲につい
□ ___/___   て説明しなさい。
□ ___/___

□ ___/___ **15.** **B** 取消訴訟における判決の効力について説明しなさい。
□ ___/___
□ ___/___

13. 取消訴訟の訴訟物は処分の違法性一般であるため，理由の変更は攻撃防御方法の提出として原則的に自由にできるはずであるし，差替えを認めることにより，紛争の一回的解決を図ることができる。しかし，無限定に処分理由の差替えが許されるとすれば，理由提示の趣旨（行政の恣意抑制と不服申立ての便宜）を害するおそれがある。そこで，処分の同一性を害しない範囲で認められると解すべきであり，具体的には，理由を構成する事実が社会的事実として密接に関連し，同一性が肯定される場合には，理由の変更が認められる。その際には，処分主体，名宛人，日時，処分の目的・性質などを勘案して決する。

 cf. 義務付け訴訟の場合，理由の変更について，肯定的に解するという解釈論があり得る。裁判所は，すべての判断要素を考慮した上で，義務付けの可否を判断するものであるからである。

14. 原告は「自己の法律上の利益に関係のない違法」を主張することができない（行政事件訴訟法10Ⅰ）。したがって，不利益処分を受けた者がその取消訴訟を提起した場合，もっぱら第三者の利益に関する規定の違反は主張できないが，公益保護を目的とする規定の違反も取消事由として主張できる。

 他方，第三者（処分の相手方以外の者）が提起した取消訴訟の場合，文言の統一的解釈という観点からは9条1項と10条1項を同義に解するべきであるし，9条1項は訴訟要件レベル，10条1項は本案審理レベルでの規定であるところ，その目的は共通であるから，10条1項の制限は9条1項の制限の範囲と同一と解すべきであり，原告適格を基礎付ける法律規定違反以外の違法の主張は許されない（最判平元.2.17）。

 cf. 学説には，公益保護を目的とする規定の違反もすべて取消事由として主張することができるとする説，原告の利益が公益に包摂されている場合には公益保護を目的とする規定の違反も主張できるとする見解などがある。

15. ①既判力

 訴訟物（処分の違法性一般）に生じる。取消判決が確定すると，国家賠償請求訴訟でも当該処分が適法である旨の主張・判断は不可能となる。

  cf. 棄却判決が確定した場合に，国賠訴訟等で処分の違法性を主張することは許されないか否かには争いあり。

  cf. 行政庁が棄却判決の対象となった処分を取消し・撤回することは可能（国民に不利益がないため）

②形成力

 取消判決の確定により，当該処分が当然に当初から効力を失う。

③第三者効

 形成力は，当事者のみならず，利害関係人たる第三者にも及ぶ（法32Ⅰ）。

④拘束力

 行政庁に，判決を尊重し，その趣旨に従って行動すべきことを義務付ける効力（法33）。

□ / □ / □ /	**16.**	Ⓑ	取消判決の効力が及ぶ「第三者」（行訴法32 Ⅰ）の範囲（原告と利益を共通にする第三者にもその効力が及ぶのか）について説明しなさい。

□ / □ / □ /	**17.**	Ⓑ	執行不停止原則について説明しなさい。

□ / □ / □ /	**18.**	Ⓑ	執行停止の申立要件について説明しなさい。

□ / □ / □ /	**19.**	Ⓑ	執行停止の効果について説明しなさい。

□ / □ / □ /	**20.**	Ⓑ	無効等確認の訴えの原告適格について説明しなさい。

16. 相対的効力説（東京地決昭40.4.22）＝①取消訴訟は個人の権利救済を目的とするものであること，②行政庁としては取消判決の拘束力（法33）によって判決の趣旨に従った行動を取るはずであること，③原告と利益を共通にする第三者の手続参加の規定が存在しないことから，原告と利益を共通にする第三者にはその効力は及ばない。

　絶対的効力説（最大判平20.9.10近藤裁判官補足）＝条文の文言及び違法の是正を画一的に行うべきことから，原告と利益を共通にする第三者にもその効力が及ぶ。

17. 「処分の取消しの訴えの提起は，処分の効力，処分の執行又は手続の続行を妨げない」（行政事件訴訟法25Ⅰ）。

18. ①「処分の取消しの訴えの提起があった」こと（行政事件訴訟法25Ⅱ本文）
②「重大な損害を避けるため緊急の必要がある」こと（行政事件訴訟法25Ⅱ本文）
　→重大な損害を生ずるか否かを判断するに当たっては，損害の回復の困難の程度を考慮するものとし，損害の性質及び程度並びに処分の内容及び性質をも勘案する（行政事件訴訟法25Ⅲ）。
③「公共の福祉への重大な影響を及ぼすおそれ」がないこと（行政事件訴訟法25Ⅳ）
④「本案について理由がない」とみえないこと（行政事件訴訟法25Ⅳ）

19. ①処分の効力，②処分の執行又は③手続の続行の全部又は一部が停止される，ただし，②③によって目的を達することができる場合には，①は不可（行政事件訴訟法25Ⅱただし書）。

20. ①「当該処分又は裁決に続く処分により損害を受けるおそれのある者」，②「その他当該処分又は裁決の無効等の確認を求めるにつき法律上の利益を有する者で，当該処分若しくは裁決の存否又はその効力の有無を前提とする現在の法律関係に関する訴えによつて目的を達することができないもの」（行政事件訴訟法36，二元説）。

□ ___/___
□ ___/___
□ ___/___ **21.** **B** 　行政事件訴訟法36条には，A「当該処分又は裁決に続く処分により損害を受けるおそれのある者」，B「その他当該処分又は裁決の無効等の確認を求めるにつき法律上の利益を有する者」，C「当該処分若しくは裁決の存否又はその効力の有無を前提とする現在の法律関係に関する訴えによって目的を達成することができないもの」の3つの要件が定められているところ，予防的無効確認訴訟（要件Aが満たされた場合に認められる訴訟）が要件Cの制約を受けるかについて説明しなさい。

□ ___/___
□ ___/___
□ ___/___ **22.** **A** 　「現在の法律関係に関する訴えによって目的を達成することができない」（行政事件訴訟法36）の意義について説明しなさい。

□ ___/___
□ ___/___
□ ___/___ **23.** **B** 　不作為の違法確認の訴えの原告適格について説明しなさい。

□ ___/___
□ ___/___
□ ___/___ **24.** **B** 　不作為の違法確認の訴えの本案勝訴要件について説明しなさい。

□ ___/___
□ ___/___
□ ___/___ **25.** **B** 　義務付けの訴えの類型について説明しなさい。

21. 一元説＝文言に忠実に，要件Ｃの制約を受けると解する。
　　二元説＝国民の権利保護の観点，及び文理上は読点の打ち間違えと読めば良いことから，要件Ｃの制約は受けない。

22. 直截適切説（最判昭62.4.17，最判平4.9.22）＝確認訴訟の補充性よりも，出訴期間の延ばされた取消訴訟としての実質を持つことを重視すべきであるから，無効確認訴訟のほうが紛争解決のために直截的かつ適切であれば「目的を達することができない」場合に当たる。

23. 「処分又は裁決についての申請をした者」（行政事件訴訟法37）

24. 「行政庁が法令に基づく申請に対し，相当の期間内に何らかの処分又は裁決をすべきであるにかかわらず，これをしないこと」（行政事件訴訟法3Ⅴ）
　　cf.「法令に基づく申請」→適法・不適法は不問。また，申請権が法令の明文によって規定されている場合だけでなく，法令の解釈上，当該申請につき，申請をした者が行政庁から何らかの応答を受け得る利益を，法律上保障されている場合を含むとされる。
　　cf.「相当の期間内」と標準処理期間（行政手続法6）とは必ずしも一致しないが，重要な判断要素となる。

25. ① 「行政庁が一定の処分をすべきであるにもかかわらずこれがされない」場合（直接型（非申請型）義務付け訴訟，行政事件訴訟法3Ⅵ①）
　　② 「行政庁に対し一定の処分又は裁決を求める旨の法令に基づく申請又は審査請求がされた場合において，当該行政庁がその処分又は裁決をすべきであるにもかかわらずこれがされない」場合（申請型義務付け訴訟，行政事件訴訟法3Ⅵ②）

□ ___/___
□ ___/___ 26.　**A**　直接型義務付け訴訟の訴訟要件について説明しなさい。
□ ___/___

□ ___/___
□ ___/___ 27.　**B**　直接型義務付け訴訟の本案勝訴要件について説明しな
□ ___/___　　　　　　さい。

□ ___/___
□ ___/___ 28.　**A**　申請型義務付け訴訟の訴訟要件について説明しなさい。
□ ___/___

□ ___/___
□ ___/___ 29.　**B**　申請型義務付け訴訟の本案勝訴要件について説明しな
□ ___/___　　　　　　さい。

26. ①「一定の処分」（行政事件訴訟法3 Ⅵ①）＝裁判所の判断が可能な程度に特定されていればよい。
　　②「一定の処分がされないことにより重大な損害を生ずるおそれ」があること（行政事件訴訟法37 条の2 Ⅰ）＝重大な損害を生ずるか否かを判断するに当たっては，損害の回復の困難の程度を考慮するものとし，損害の性質及び程度並びに処分の内容及び性質をも勘案する（法37条の2 Ⅱ）
　　③「その損害を避けるために他に適当な方法がない」こと（行政事件訴訟法37 の2 Ⅰ）＝義務付けの訴えに代替する救済手続が特に法定されている場合に限定して適用されるべき。
　　④「行政庁が一定の処分をすべき旨を命ずることを求めるにつき法律上の利益を有する者」であること（法37の2 Ⅲ）＝法律上の利益の有無の判断については，行政事件訴訟法9条2項の規定を準用する。

27. ①「行政庁がその処分をすべきであることがその処分の根拠となる法令の規定から明らかであると認められ」るとき，又は②「行政庁がその処分をしないことがその裁量権の範囲を超え若しくはその濫用となると認められるとき」（行政事件訴訟法37の2 Ⅴ）

28. ①法令に基づく申請又は審査請求に対し相当の期間内に何らの処分又は裁決がされないこと（不作為型），又は法令に基づく申請又は審査請求を却下し又は棄却する旨の処分又は裁決がされた場合において，当該処分又は裁決が取り消されるべきものであり，又は無効若しくは不存在であること（拒否処分型）（行政事件訴訟法37の3 Ⅰ）
　　②「法令に基づく申請又は審査請求をした者」であること（行政事件訴訟法37の3 Ⅱ）
　　③不作為型の場合には「処分又は裁決に係る不作為の違法確認の訴え」，拒否処分型の場合には「処分又は裁決に係る取消訴訟又は無効等確認の訴え」を併合提起すること（行政事件訴訟法37の3 Ⅲ）

29. ①併合された「訴えに係る請求に理由があると認められ」ること，②「その義務付けの訴えに係る処分又は裁決につき，行政庁がその処分若しくは裁決をすべきであることがその処分若しくは裁決の根拠となる法令の規定から明らかであると認められ又は行政庁がその処分若しくは裁決をしないことがその裁量権の範囲を超え若しくはその濫用となると認められる」こと（行政事件訴訟法37の3 Ⅴ）

□ ___/___
□ ___/___
□ ___/___ **30.** **B** 仮の義務付けの申立要件について説明しなさい。

□ ___/___
□ ___/___
□ ___/___ **31.** **A** 差止訴訟の訴訟要件について説明しなさい。

□ ___/___
□ ___/___
□ ___/___ **32.** **B** 差止訴訟の本案勝訴要件について説明しなさい。

30. ①「義務付けの訴えの提起」（行政事件訴訟法37の5Ⅰ）
   ②「その義務付けの訴えに係る処分又は裁決がされないことにより生ずる償うことのできない損害を避けるため緊急の必要」があること（行政事件訴訟法37の5Ⅰ）＝「償うことのできない損害」とは，「重大な損害」よりも回復の困難の程度が著しい場合であり，原状回復ないし金銭賠償が不可能な損害あるいは金銭賠償によることが社会通念上不相当と認められる損害等が想定されている
   ③「本案について理由があるとみえる」こと（行政事件訴訟法37の5Ⅰ）
   ④「公共の福祉に重大な影響を及ぼすおそれ」がないこと（行政事件訴訟法37の5Ⅲ）

31. ①「一定の処分又は裁決」（行政事件訴訟法3Ⅶ）＝裁判所の判断が可能な程度に特定されていればよい。
   ②「されようとしている」（行政事件訴訟法3Ⅶ）＝目前急迫性までは必要でないが，単に行われるおそれがあるだけの行政処分の差止訴訟は訴えの利益を欠くとされる（最判平24.2.9は，処分がなされる蓋然性が必要であるとする）。
   ③「重大な損害が生じるおそれ」（行政事件訴訟法37の4Ⅰ本文）＝処分がされることにより生ずるおそれのある損害が，処分がされた後に取消訴訟等を提起して執行停止の決定を受けることなどにより容易に救済を受けることができるものではなく，処分がされる前に差止めを命ずる方法によるのでなければ救済を受けることが困難なものであることを要する（最判平24.2.9）。重大な損害を生ずるか否かを判断するに当たつては，損害の回復の困難の程度を考慮するものとし，損害の性質及び程度並びに処分又は裁決の内容及び性質をも勘案する（行政事件訴訟法37の4Ⅱ）。
   ④「その損害を避けるため他に適当な方法」（行政事件訴訟法37の4Ⅰただし書）＝ある処分を前提とする処分が存在し，前提処分の取消訴訟を提起すれば後続処分の続行ができない場合などを指すとされ，当事者訴訟や民事訴訟はこれに該当しない。
   ⑤「行政庁が一定の処分又は裁決をしてはならない旨を命ずることを求めるにつき法律上の利益を有する者」（行政事件訴訟法37の4Ⅲ）＝法律上の利益の有無の判断については，9条2項の規定を準用する（行政事件訴訟法37の4Ⅳ）。
   cf. 仮の差止めの申立要件（行政事件訴訟法37の5）は，仮の義務付けの申立要件とほぼ同様であるが，仮の差止めは，現状の悪化を防止する制度であるため，仮の義務付けよりも要件を緩和してよいとする学説もある。

32. ①「その差止めの訴えに係る処分又は裁決につき，行政庁がその処分若しくは裁決をすべきでないことがその処分若しくは裁決の根拠となる法令の規定から明らかであると認められ」るとき，又は②「行政庁がその処分若しくは裁決をすることがその裁量権の範囲を超え若しくはその濫用となると認められるとき」（行政事件訴訟法37の4Ⅴ）。

□ __/__ □ __/__ □ __/__	**33.**	**A**	実質的当事者訴訟の意義について説明しなさい。

□ __/__ □ __/__ □ __/__	**34.**	**B**	「公法上の法律関係に関する確認の訴え」の訴訟要件について説明しなさい。

□ __/__ □ __/__ □ __/__	**35.**	**B**	形式的当事者訴訟の意義について説明しなさい。

□ __/__ □ __/__ □ __/__	**36.**	**B**	国家賠償法1条1項の要件について説明しなさい。

□ __/__ □ __/__ □ __/__	**37.**	**A**	「公権力の行使」の意義について説明しなさい。

□ __/__ □ __/__ □ __/__	**38.**	**B**	「公務員」の意義について説明しなさい。

□ __/__ □ __/__ □ __/__	**39.**	**B**	加害公務員を特定することが必要かについて説明しなさい。

□ __/__ □ __/__ □ __/__	**40.**	**A**	「職務を行うについて」の意義について説明しなさい。

33.　「公法上の法律関係に関する確認の訴えその他の公法上の法律関係に関する訴訟」（行政事件訴訟法４後段）

34.　確認訴訟では，確認の利益が必要になるため，①確認対象の適切性，②方法選択の適切性（確認訴訟の補充性）③即時確定の利益（紛争の成熟性）が必要である（最大判平17.9.14，最判平24.2.9参照，通説）。

35.　「当事者間の法律関係を確認し又は形成する処分又は裁決に関する訴訟で，法令の規定によりその法律関係の当事者の一方を被告とするもの」（行政事件訴訟法４前段）。

36.　①「国又は公共団体の公権力の行使に当る」，②「公務員が」，③「その職務を行うについて」，④「故意又は過失によって」，⑤「違法に」，⑥「他人に損害を加えた」こと

37.　国又は公共団体の作用の内，純然たる私経済作用及び国賠法２条の営造物の設置管理作用を除いた一切の作用をいう（広義説）。権力的行政作用に限らず（ex. 行政指導），営造物の設置管理作用（法２参照），私経済活動を除くすべての行政活動を含む（通説・最判平22.4.20）。

38.　身分上の公務員に限定されず，公権力の行使を委ねられている者を広く含むとされる（「公権力の行使」の概念に該当するか否かが重要）。加害公務員の厳密な特定は不要とされている。ただし，賠償責任の所在を明確化する観点から，一連の行為を組成する各行為がすべて同一の行政主体の公務員の職務上の行為である場合に限定される（最判昭57.4.1）。

39.　国賠法の趣旨は，被害者の救済にあるところ，被害者に加害公務員の特定という困難な立証を強いることはかかる趣旨に反する。また，一般に不法行為責任について加害者の特定が要求されるのは，不法行為の成否及び誰が責任を負うかを明らかにするためである。そうだとすれば，一連の行為のどれかが不法行為に当たれば，加害者を特定する必要はないし，責任を負う主体を特定する必要もない。よって，厳密に加害公務員を特定する必要はないと解する（最判昭57.4.1）。
　　ただし，本法理は，賠償責任の所在を明確化する観点から，一連の行為を組成する各行為がすべて同一の行政主体の公務員の職務上の行為である場合に限定され，一部にそうでない行為が含まれる場合には妥当しないものと解すべきである。

40.　客観的に職務執行の外形があれば足りると解すべきである。 なぜなら，実際の職務の範囲を基準とする，又は公務員の主観的意図を基準にするならば，被害者である国民の救済は不十分となるからである（最判昭31.11.30）。

□ / □ / □ /	**41.**	**B**	「過失」の意義について説明しなさい。

□ / □ / □ /	**42.**	**A**	「違法」の意義について説明しなさい。

□ / □ / □ /	**43.**	**A**	規制権限の不行使の「違法」性について説明しなさい。

□ / □ / □ /	**44.**	**B**	申請に対する不作為の「違法」性について説明しなさい。

□ / □ / □ /	**45.**	**B**	国家賠償法2条1項の要件を説明しなさい。

□ / □ / □ /	**46.**	**A**	「道路，河川その他の公の営造物」の意義について説明しなさい。

41. 通常の公務員に職務上要求される客観的な注意義務に違反すること（予見可能な結果に対する結果回避義務違反）をいう。すなわち，通常の公務員に要求される知識・能力を前提に，当該公務員が被害の発生を予見することができたのに予見を怠り，かつ結果を回避できたのに怠ったものといえれば，「過失」が認められる。

42. 結果基準では公務員の職務に委縮効果が生じること，円滑な行政の確保の見地から，公務員が職務上尽くすべき注意義務を尽くさなかったことをいう（職務行為基準説，最判平5.3.11）。
    cf. 職務行為基準説からは，違法性と過失の判断は一元化する。他方，取消訴訟と国家賠償請求訴訟の「違法性」は別の概念となる（違法性二元論）。

43. 規制権限を行使するか否かは，行政庁の裁量的判断である。また，あまりに広範に規制権限不行使の違法を認めると，公務の萎縮という結果をもたらすおそれがある。もっとも，行政庁の権限不行使が許容される限度を逸脱して著しく合理性を欠く場合は，違法と評価すべきである。
    そこで，具体的事情の下において，規制権限が行政庁に付与された法の趣旨・目的に照らし，その不行使が著しく不合理である場合には，「違法」と解すべきである（裁量権消極的濫用論，最判平元.11.24，最判平7.6.23）。具体的には，①被侵害利益の重大性，危険の切迫性，②予見可能性，③結果回避可能性，④実施された措置の合理性，⑤規制権限行使以外の手段による結果回避困難性（被害者による結果回避可能性）などを考慮して判断される。
    cf. 裁量権収縮論（東京地判昭53.8.3）＝権限行使の裁量を尊重しつつも，一定の場合にそれが収縮して権限の行使が義務付けられる。

44. 申請者の焦燥感・不安感を抱かされないという利益は法的保護の対象になるところ，行政庁にはかような不安感，焦燥感が生じるのを回避すべき条理上の作為義務が生じる。かかる義務に違反した場合に，「違法」性が認められるところ，それが認められるためには，①相当期間を超える処分の遅延，②さらに長期にわたる遅延の継続，③遅延を解消することができたのに努力を尽くさなかったことを要する（最判平3.4.26）。

45. ①「道路，河川その他の公の営造物の」，②「設置又は管理に瑕疵が」，③「あったために」，④「他人に損害を生じた」こと

46. 国や公共団体によって直接に公の目的に供されている有体物又は物理的施設

□ /			
□ /	47.	A	「設置又は管理に瑕疵」の意義について説明しなさい。
□ /			

□ /			
□ /	48.	B	河川の「瑕疵」の有無の判断基準について，未改修河川と改修済河川に分けて説明しなさい。
□ /			

□ /			
□ /	49.	B	安全設備の「瑕疵」の判断基準について説明しなさい。
□ /			

47.　　営造物が<u>通常有すべき安全性</u>を欠き，<u>他人に危害を及ぼす危険性</u>のある状態をいう（客観説）。これは，営造物の<u>構造</u>，<u>用法</u>，<u>場所的環境</u>，<u>利用状況</u>等諸般の事情を考慮して決せられる。そして，<u>危険性</u>，<u>予見可能性</u>，<u>回避可能性</u>を基準として，「<u>設置又は管理に瑕疵</u>」があったか否かを判断する。

48.　　河川は<u>自然発生</u>的な公共用物であること，河川整備には多大な<u>財政的・技術的・社会的制約</u>があること，道路のような簡易な危険回避手段（ex.　一時閉鎖）がないことから，河川の備えるべき安全性としては，「河川の改修，整備の段階に対応する安全性」で足りる（最判平2.12.13，最判昭59.1.26では「過渡的安全性」と表現されている）。具体的には，河川の管理についての瑕疵の有無は，過去に発生した水害の規模，発生の頻度，発生原因，被害の性質，降雨状況，流域の地形その他の自然的条件，土地の利用状況その他の社会的条件，改修を要する緊急性の有無及びその程度等諸般の事情を総合的に考慮し，河川管理における<u>財政的，技術的及び社会的諸制約</u>のもとでの同種・同規模の河川の管理の一般的水準及び社会通念に照らして是認し得る<u>安全性</u>を備えていると認められるかどうかを基準として判断すべきである（最判昭59.1.26，最判平2.12.13）。

　　具体的には，<u>未改修河川</u>の場合，改修計画が<u>格別不合理</u>であるか，早期の改修を行うべき特段の事情があるかによって判断される（最判昭59.1.26）。

　　他方，<u>改修済河川</u>の場合，改修，整備された段階において想定された洪水から，当時の防災技術の水準に照らして<u>通常予測</u>し，かつ，<u>回避し得る水害を未然に防止するに足る安全性を欠く</u>か否かによって判断される。すなわち，水害発生当時においてその発生の危険を通常予測することができたとしても，その危険が改修，整備がされた段階においては予測することができなかったものであれば（その後予測が可能となった場合），河川管理の瑕疵があるとすることはできない（最判平2.12.13）。

49.　　①安全設備が<u>相当程度標準化されて同種設備に普及</u>しているか，②利用度との関係から施設において予測される事故発生の<u>危険性の程度</u>，③設置の<u>必要性</u>の程度，④設備設置の<u>困難性等</u>の諸般の事情を総合考慮して判断される（駅のホームにおける点字ブロックについて，最判昭61.3.25）。

☐ ＿／＿
☐ ＿／＿
☐ ＿／＿　　**50.**　Ⓑ　　供用関連瑕疵（機能的瑕疵）について説明しなさい。

50.　　　営造物（空港）本来の用法としては瑕疵がない場合でも，営造物が供用目的に沿って利用されることにより，利用者以外の第三者に危害を生ぜしめる危険性がある場合には，当該営造物に「瑕疵」が生じうる。そして，かかる瑕疵によって当該第三者に社会生活上受忍すべき限度を超える被害が生じた場合には，原則として違法性が認められ，「瑕疵」が生じるものとして，国家賠償法2条1項に基づく責任を免れることができない。なお，かかる責任の有無を判断するに当たっては，侵害行為の態様と侵害の程度，被侵害利益の性質と内容，侵害行為の持つ公共性ないし公益上の必要性の内容と程度等を比較検討するほか，侵害行為の開始とその後の継続の経過及び状況，その間に取られた被害の防止に関する措置の有無及びその内容，効果等の事情をも考慮し，これらを総合的に考察してこれを決すべきである（最大判昭56.12.16，最判平6.1.20，最判平7.7.7）。

重要判例要旨一覧

アガルート講師陣が重要と考える
行政法の判例をセレクトし，特に
記憶してほしいキーワード及び結
論部分を強調している。赤シート
を用いることにより，穴埋め問題
の形式になる。

□ ＿／＿ □ ＿／＿ □ ＿／＿

最判平16.7.13 自治体関連団体による博覧会の開催

地方公共団体の長による私法に違反する契約締結行為の効力について，文章中の空欄を埋めなさい。

普通地方公共団体の長が当該普通地方公共団体を代表して行う契約締結行為であっても，長が相手方を代表又は代理することにより，私人間における双方代理行為等による契約と同様に，当該普通地方公共団体の利益が害されるおそれがある場合がある。そうすると，普通地方公共団体の長が当該普通地方公共団体を代表して行う契約の締結には，民法108条が類推適用される……。そして，普通地方公共団体の長が当該普通地方公共団体を代表するとともに相手方を代理ないし代表して契約を締結した場合であっても民法116条が類推適用され，議会が長による上記双方代理行為を追認したときには，民法116条の類推適用により，議会の意思に沿って本人である普通地方公共団体に法律効果が帰属する…」。

最判昭35.3.31　行政処分と民法177条

私人・公人間の土地所有権に関する紛争において，公人が「第三者」（民法177条）に当たるのかを判断した判例について，文章中の空欄を埋めなさい。

　本件のような場合国が上告人の本件土地所有権の取得に対し登記の欠缺を主張するについて正当の利益を有する第三者に該当しないという為めには財産税の徴収に際し前控訴審判決の認定したような経緯，詳言すれば，上告人は前示差押登記前である昭和21年2月15日魚津税務署長に対し本件土地を自己の所有として申告し，同署長は該申告を受理して，上告人から財産税を徴税したという事実だけでは足りず，更に上告人において本件土地が所轄税務署長から上告人の所有として取り扱わるべきことを強く期待することがもっともと思われるような特段な事情がなければならないというのである。

重要判例要旨一覧

最判昭56.1.27　工場誘致施策と信頼の保護

　自治体による施策変更で予想が外れた場合，どのような場合であれば，その予測が正当な期待・信頼として法的に保護されるのかについて述べた判例について，文章中の空欄を埋めなさい。

　地方公共団体の施策を住民の意思に基づいて行うべきものとするいわゆる住民自治の原則は地方公共団体の組織及び運営に関する基本原則であり，また，地方公共団体のような行政主体が一定内容の将来にわたって継続すべき施策を決定した場合でも，右施策が社会情勢の変動等に伴って変更されることがあることはもとより当然であって，地方公共団体は原則として右決定に拘束されるものではない。

　しかし，右決定が，単に一定内容の継続的な施策を定めるにとどまらず，特定の者に対して右施策に適合する特定内容の活動をすることを促す個別的，具体的な勧告ないし勧誘を伴うものであり，かつ，その活動が相当長期にわたる当該施策の継続を前提としてはじめてこれに投入する資金又は労力に相応する効果を生じうる性質のものである場合には，右特定の者は，右施策が右活動の基盤として維持されるものと信頼し，これを前提として右の活動ないしその準備活動に入るのが通常である。このような状況のもとでは，たとえ右勧告ないし勧誘に基づいてその者と当該地方公共団体との間に右施策の維持を内容とする契約が締結されたものとは認められない場合であっても，右のように密接な交渉を持つに至った当事者間の関係を規律すべき信義衡平の原則に照らし，その施策の変更にあたってはかかる信頼に対して法的保護が与えられなければならない……。すなわち，右施策が変更されることにより，前記の勧告等に動機づけられて前記のような活動に入った者がその信頼に反して所期の活動を妨げられ，社会観念上看過することのできない程度の積極的損害を被る場合に，地方公共団体において右損害を補償するなどの代償的措置を講ずることなく施策を変更することは，それがやむをえない客観的事情によるのでない限り，当事者間に形成された信頼関係を不当に破壊するものとして違法性を帯び，地方公共団体の不法行為責任を生ぜしめる……。

□ ／ □ ／ □ ／

最判昭53.5.26　行政権の濫用

　児童遊園の設置は，個室付浴場の設置・認可を阻止するためになされたとして争った判例について，文章中の空欄を埋めなさい。

　所論の点に関する原審の事実認定は，原判決挙示の証拠関係に照らし是認することができ，原判決に所論の違法はない。そして，原審の認定した右事実関係のもとにおいては，本件児童遊園設置認可処分は行政権の著しい濫用によるものとして違法であり，かつ，右認可処分とこれを前提としてされた本件営業停止処分によって被上告人が被った損害との間には相当因果関係があると解するのが相当であるから，被上告人の本訴損害賠償請求はこれを認容すべきである。

□ ／ □ ／ □ ／

最判平25.1.11 委任の範囲（旧薬事法施行規則）

法規命令につき委任の範囲を超えて無効と判断した判例について，文章中の空欄を埋めなさい。

憲法22条1項による保障は，狭義における職業選択の自由のみならず職業活動の自由の保障をも包含しているものと解されるところ（最高裁昭和……50年4月30日……判決（薬局距離制限規定事件違憲判決）……参照），旧薬事法の下では違法とされていなかった郵便等販売に対する新たな規制は，郵便等販売をその事業の柱としてきた者の職業活動の自由を相当程度制約するものである……。これらの事情の下で，厚生労働大臣が制定した郵便等販売を規制する新施行規則の規定が，これを定める根拠となる新薬事法の趣旨に適合するもの（行政手続法38条1項）であり，その委任の範囲を逸脱したものではないというためには，立法過程における議論をもしんしゃくした上で，新薬事法36条の5及び36条の6を始めとする新薬事法中の諸規定を見て，そこから，郵便等販売を規制する内容の省令の制定を委任する授権の趣旨が，上記規制の範囲や程度等に応じて明確に読み取れることを要する……。」

□　／　□　／　□　／

最判昭56.2.26　毒物劇物輸入業の登録

　毒劇法における輸入業等の登録に関して輸入業者・厚生大臣間で争われた判例について、文章中の空欄を埋めなさい。

　毒劇法は、「毒物及び劇物の製造業、輸入業、販売業の登録については、登録を受けようとする者が前に登録を取り消されたことを一定の要件のもとに欠格事由としているほかは、登録を拒否しうる場合をその者の設備が毒物及び劇物取締法施行規則４条の４で定める基準に適合しないと認めるときだけに限定しており（５条）、毒物及び劇物の具体的な用途については、同法２条３項にいう特定毒物につき……定めるほかには、特段の規制をしていないことが明らかであり、他方、人の身体に有害あるいは危険な作用を及ぼす物質が用いられた製品に対する危害防止の見地からの規制については、他の法律においてこれを定めたいくつかの例が存するのである（例えば、食品衛生法、薬事法、有害物質を含有する家庭用品の規制に関する法律、消費生活用製品安全法、化学物質の審査及び製造等の規制に関する法律等においてその趣旨の規定が見られる。）。これらの点をあわせ考えると、毒物及び劇物取締法それ自体は、毒物及び劇物の輸入業等の営業に対する規制は、専ら設備の面から登録を制限することをもって足りるものとし、毒物及び劇物がどのような目的でどのような用途の製品に使われるかについては、前記特定毒物の場合のほかは、直接規制の対象とせず、他の個々の法律がそれぞれの目的に応じて個別的に取り上げて規制するのに委ねている趣旨であると解するのが相当である。

　そうすると、本件ストロングライフがその用途に従って使用されることにより人体に対する危害が生ずるおそれがあることをもってその輸入業の登録の拒否事由とすることは、毒物及び劇物の輸入業等の登録の許否を専ら設備に関する基準に適合するか否かにかからしめている同法の趣旨に反し、許されないものといわなければならない」。

□　／　　□　／　　□　／

最判平18.2.7　呉市公立学校施設使用不許可事件

　最高裁として初めて学校施設の目的外使用許可に裁量があることを認め，裁量統制の手法について従来の一般的な枠組みとは異なる枠組みを採用した点で注目される判例について，文章中の空欄を埋めなさい。

　「地方自治法238条の4第4項，学校教育法85条の……文言に加えて，学校施設は，一般公衆の共同使用に供することを主たる目的とする道路や公民館等の施設とは異なり，本来学校教育の目的に使用すべきものとして設置され，それ以外の目的に使用することを基本的に制限されている……ことからすれば，学校施設の目的外使用を許可するか否かは，原則として，管理者の裁量にゆだねられている……。」「学校教育上支障があれば使用を許可することができないことは明らかであるが，そのような支障がないからといって当然に許可しなくてはならないものではなく，行政財産である学校施設の目的及び用途と目的外使用の目的，態様等との関係に配慮した合理的な裁量判断により使用許可をしないこともできる……。学校教育上の支障とは，物理的支障に限らず，教育的配慮の観点から，児童，生徒に対し精神的悪影響を与え，学校の教育方針にもとることとなる場合も含まれ，現在の具体的な支障だけでなく，将来における教育上の支障が生ずるおそれが明白に認められる場合も含まれる。また，管理者の裁量判断は，許可申請に係る使用の日時，場所，目的及び態様，使用者の範囲，使用の必要性の程度，許可をするに当たっての支障又は許可をした場合の弊害若しくは影響の内容及び程度，代替施設確保の困難性など許可をしないことによる申請者側の不都合又は影響の内容及び程度等の諸般の事情を総合考慮してされるものであり，その裁量権の行使が逸脱濫用に当たるか否かの司法審査においては，その判断が裁量権の行使としてされたことを前提とした上で，その判断要素の選択や判断過程に合理性を欠くところがないかを検討し，その判断が，重要な事実の基礎を欠くか，又は社会通念に照らし著しく妥当性を欠くものと認められる場合に限って，裁量権の逸脱又は濫用として違法となる……。」

　「上記の諸点その他の前記事実関係等を考慮すると，本件中学校及びその周辺の学校や地域に混乱を招き，児童生徒に教育上悪影響を与え，学校教育に支障を来すことが予想されるとの理由で行われた本件不許可処分は，重視すべきでない考慮要素を重視するなど，考慮した事項に対する評価が明らかに合理性を欠いており，他方，当然考慮すべき事項を十分考慮しておらず，その結果，社会通念に照らし著しく妥当性を欠いたもの」である。

□ ／ □ ／ □ ／

最判昭48.4.26

取消可能な行政処分と無効の行政処分の区別の基準について最高裁は従来「瑕疵が重大かつ明白である場合にのみ行政処分は無効である」という説（重大明白説）を採っており，それは課税処分についても同様であった。しかし，重大明白説と異なる新たな無効判断基準を示したものがある。その判例について，文章中の空欄を埋めなさい。

「課税処分につき当然無効の場合を認めるとしても，このような処分については……出訴期間の制限を受けることなく，何時までででも争うことができることとなるわけであるから，更正についての期間の制限等を考慮すれば，かかる例外の場合を肯定するについて慎重でなければならないことは当然であるが，一般に，課税処分が課税庁と被課税者との間にのみ存するもので，処分の存在を信頼する第三者の保護を考慮する必要のないこと等を勘案すれば，当該処分における内容上の過誤が課税要件の根幹についてのそれであって，徴税行政の安定とその円滑な運営の要請を斟酌してもなお，不服申立期間の徒過による不可争的効果の発生を理由として被課税者に右処分による不利益を甘受させることが，著しく不当と認められるような例外的な事情のある場合には，前記の過誤による瑕疵は，当該処分を当然無効ならしめる……。」

「本件課税処分は，譲渡所得の全くないところにこれがあるものとしてなされた点において，課税要件の根幹についての重大な過誤をおかした瑕疵を帯有する……。」「そして，ＸらはＡに名義を冒用されたのみで，本件課税処分の基礎資料となった登記簿の記載の現出等につきいかなる原因を与えたものでもない……。」

「Ｘらとしては，いわば全く不知の間に第三者がほしいままにした登記操作によって，突如として譲渡所得による課税処分を受けたことになるわけであり，かかるＸらに前記の瑕疵ある課税処分の不可争的効果による不利益を甘受させることは，たとえば，Ｘらが上記のような各登記の経由過程について完全に無関係とはいえず，事後において明示又は黙示的にこれを容認していたとか，又は右の表見的権利関係に基づいてなんらかの特別の利益を享受していた等の，特段の事情がないかぎり，Ｘらに対して著しく酷である……。」

「しかも，本件のごときは比較的稀な事例に属し，かつ，事情の判明次第，真実の譲渡所得の帰属者に対して課税する余地もありうる……ことからすれば，かかる場合に当該処分の表見上の効力を覆滅することによって徴税行政上格別の支障・障害をもたらすともいい難いのであって，彼此総合して考察すれば，……本件は，課税処分に対する通常の救済制度につき定められた不服申立期間の徒過に

重要判例要旨一覧

よる不可争的効果を理由として，なんら責むべき事情のないXらに前記処分による不利益を甘受させることが著しく不当と認められるような例外的事情のある場合に該当し，前記の過誤による瑕疵は，本件課税処分を当然無効ならしめる……。」

最判平21.12.17　違法性の承継

　安全認定の出訴期間経過後の建築確認の取消訴訟において，安全認定の違法を理由に建築確認の違法が導かれるか否かを判断した判例につき，文章中の空欄を埋めなさい。

　「建築確認における接道要件充足の有無の判断と，安全認定における安全上の支障の有無の判断は，異なる機関がそれぞれの権限に基づき行うこととされているが，もともとは一体的に行われていたものであり，避難又は通行の安全の確保という同一の目的を達成するために行われる……。そして，……安全認定は，建築主に対し建築確認申請手続における一定の地位を与えるものであり，建築確認と結合して初めてその効果を発揮する……。」

　「他方，安全認定があっても，これを申請者以外の者に通知することは予定されておらず，建築確認があるまでは工事が行われることもないから，周辺住民等これを争おうとする者がその存在を速やかに知ることができるとは限らない（これに対し，建築確認については，工事の施工者は，法89条1項に従い建築確認があった旨の表示を工事現場にしなければならない。）。そうすると，安全認定について，その適否を争うための手続的保障がこれを争おうとする者に十分に与えられているというのは困難である。仮に周辺住民等が安全認定の存在を知ったとしても，その者において，安全認定によって直ちに不利益を受けることはなく，建築確認があった段階で初めて不利益が現実化すると考えて，その段階までは争訟の提起という手段は執らないという判断をすることがあながち不合理であるともいえない。」

　「以上の事情を考慮すると，安全認定が行われた上で建築確認がされている場合，安全認定が取り消されていなくても，建築確認の取消訴訟において，安全認定が違法であるために……接道義務の違反があると主張することは許される……。」

□＿／＿＿□＿／＿＿□＿／＿＿

最判昭47.12.5　瑕疵の治癒（更正処分の理由付記の不備）

更正処分の理由附記の不備に関する判例について，文章中の空欄を埋めなさい。

「処分庁の判断の慎重，合理性を担保してその恣意を抑制するとともに処分の理由を相手方に知らせて不服申立の便宜を与えることを目的として更正に附記理由の記載を命じた前記法人税法の規定の趣旨にかんがみ，本件更正の附記理由には不備の違法があるものというべきである。」

「更正に理由附記を命じた規定の趣旨が前示のとおりであることに徴して考えるならば，処分庁と異なる機関の行為により附記理由不備の瑕疵が治癒されるとすることは，処分そのものの慎重合理性を確保する目的にそわないばかりでなく，処分の相手方としても，審査裁決によってはじめて具体的な処分根拠を知らされたのでは，それ以前の審査手続において十分な不服理由を主張することができないという不利益を免れない。そして，更正が附記理由不備のゆえに訴訟で取り消されるときは，更正期間の制限によりあらたな更正をする余地のないことがあるなど処分の相手方の利害に影響を及ぼすのであるから，審査裁決に理由が附記されたからといって，更正を取り消すことが所論のように無意味かつ不必要なこととなるものではない。それゆえ，更正における附記理由不備の瑕疵は，後日これに対する審査裁決において処分の具体的根拠が明らかにされたとしても，それにより治癒されるものではないと解すべきである。」

□ ／ □ ／ □ ／

最判昭63.6.17　行政行為の撤回

　行政行為の撤回について明文規定がない場合に、撤回することができるか否かについて判断した判例につき、文章中の空欄を埋めなさい。

　「実子あっせん行為は、医師の作成する出生証明書の信用を損ない、戸籍制度の秩序を乱し、不実の親子関係の形成により、子の法的地位を不安定にし、未成年の子を養子とするには家庭裁判所の許可を得なければならない旨定めた民法798条の規定の趣旨を潜脱するばかりでなく、近親婚のおそれ等の弊害をもたらすものであり、また、将来子にとって親子関係の真否が問題となる場合についての考慮がされておらず、子の福祉に対する配慮を欠く……。したがって、実子あっせん行為を行うことは、中絶施術を求める女性にそれを断念させる目的でなされるものであっても、法律上許されないのみならず、医師の職業倫理にも反するものというべきであり、本件取消処分の直接の理由となった当該実子あっせん行為についても、それが緊急避難ないしこれに準ずる行為に当たるとすべき事情は窺うことができない。しかも、Xは、右のような実子あっせん行為に伴う犯罪性、それによる弊害、その社会的影響を不当に軽視し、これを反復継続したものであって、その動機、目的が嬰児等の生命を守ろうとするにあったこと等を考慮しても、Xの行った実子あっせん行為に対する少なからぬ非難は免れない……。」

　「そうすると、Yが……指定医師の指定をしたのちに、Xが法秩序遵守等の面において指定医師としての適格性を欠くことが明らかとなり、Xに対する指定を存続させることが公益に適合しない状態が生じたというべきところ実子あっせん行為のもつ右のような法的問題点、指定医師の指定の性質等に照らすと、指定医師の指定の撤回によってXの被る不利益を考慮しても、なおそれを撤回すべき公益上の必要性が高いと認められるから、法令上その撤回について直接明文の規定がなくとも、指定医師の指定の権限を付与されているYは、その権限においてXに対する右指定を撤回することができる……」。

□＿／＿　□＿／＿　□＿／＿

最判平21.7.10　公害防止協定

公害防止協定の法的拘束力に関する判例について，文章中の空欄を埋めなさい。

　廃棄物処理法の「規定は，知事が，処分業者としての適格性や処理施設の要件適合性を判断し，産業廃棄物の処分事業が廃棄物処理法の目的に沿うものとなるように適切に規制できるようにするために設けられたものであり，上記の知事の許可が，処分業者に対し，許可が効力を有する限り事業や処理施設の使用を継続すべき義務を課すものではない……。そして，同法には，処分業者にそのような義務を課す条文は存せず，かえって，処分業者による事業の全部又は一部の廃止，処理施設の廃止については，知事に対する届出で足りる旨規定されているのであるから……，処分業者が，公害防止協定において，協定の相手方に対し，その事業や処理施設を将来廃止する旨を約束することは，処分業者自身の自由な判断で行えることであり，その結果，許可が効力を有する期間内に事業や処理施設が廃止されることがあったとしても，同法に何ら抵触するものではない。したがって，旧期限条項が同法の趣旨に反するということはできないし，同法の上記のような趣旨，内容は，その後の改正によっても，変更されていないので，本件期限条項が本件協定が締結された当時の廃棄物処理法の趣旨に反するということもできない。」

　「そして，旧期限条項及び本件期限条項が知事の許可の本質的な部分にかかわるものではないことは，以上の説示により明らかであるから，旧期限条項及び本件期限条項は，本件条例15条が予定する協定の基本的な性格及び目的から逸脱するものでもない。」

　「以上によれば，A町の地位を承継したXとYとの間において，原審の判示するような理由によって本件期限条項の法的拘束力を否定することはできない……。」

最判平5.2.18　指導要綱による開発負担金

　地方公共団体による行政指導（開発指導要綱に基づく金銭負担）が，違法な公権力の行使であるか否かが争われた判例について，文章中の空欄を埋めなさい。

　「行政指導として教育施設の充実に充てるために事業主に対して寄付金の納付を求めること自体は，強制にわたるなど事業主の任意性を損うことがない限り，違法ということはできない。」「しかし，指導要綱は，法令の根拠に基づくものではなく，Ｙにおいて，事業主に対する行政指導を行うための内部基準であるにもかかわらず，水道の給水契約の締結の拒否等の制裁措置を背景として，事業主に一定の義務を課するようなものとなっており，また，これを遵守させるため，一定の手続が設けられている。

　　……教育施設負担金についても，その金額は選択の余地のないほど具体的に定められており，事業主の義務の一部として寄付金を割り当て，その納付を命ずるような文言となっているから，右負担金が事業主の任意の寄付金の趣旨で規定されていると認めるのは困難である。しかも，……給水契約の締結の拒否という制裁措置は，水道法上許されないものであり……，右措置が採られた場合には，マンションを建築してもそれを住居として使用することが事実上不可能となり，建築の目的を達成することができなくなる……。また，ＹがＸに対し教育施設負担金の納付を求めた当時においては，指導要綱に基づく行政指導に従うことができない事業主は事実上開発等を断念せざるを得なくなっており，これに従わずに開発等を行った事業主はＡ以外になく，そのＡの建築したマンションに関しては，現に水道の給水契約の締結及び下水道の使用が拒否され，その事実が新聞等によって報道されていた……。さらに，ＸがＹの担当者に対して本件教育施設負担金の減免等を懇請した際には，右担当者は，前例がないとして拒絶しているが，右担当者のこのような対応からは，本件教育施設負担金の納付が事業主の任意の寄付であることを認識した上で行政指導をするという姿勢は，到底うかがうことができない。」

　「右のような指導要綱の文言及び運用の実態からすると，本件当時，Ｙは，事業主に対し，法が認めておらずしかもそれが実施された場合にはマンション建築の目的の達成が事実上不可能となる水道の給水契約の締結の拒否等の制裁措置を背景として，指導要綱を遵守させようとしていたというべきである。ＹがＸに対し指導要綱に基づいて教育施設負担金の納付を求めた行為も，Ｙの担当者が教育施設負担金の減免等の懇請に対し前例がないとして拒絶した態度とあいまって，Ｘに対し，指導要綱所定の教育施設負担金を納付しなければ，水道の給水契約の

締結及び下水道の使用を拒絶されると考えさせるに十分なものであって，マンションを建築しようとする以上右行政指導に従うことを余儀なくさせるものであり，Ｘに教育施設負担金の納付を事実上強制しようとしたものということができる。」「右行為は，本来任意に寄付金の納付を求めるべき行政指導の限度を超えるものであり，違法な公権力の行使であるといわざるを得ない。」

□ ／ □ ／ □ ／

最判平3.3.8　ヨット係留施設の撤去

行政機関が市民の所有物を強制撤去するためには，法律の根拠を要する（法律の留保原則）。法律の根拠が不存在の状況下で緊急の場合に例外的に物件の強制撤去が可能であるかが問われた判例につき，文章中の空欄を埋めなさい。

「漁港管理者は，漁港法26条の規定に基づき，漁港管理規程に従い，……漁港の区域内の水域の利用を著しく阻害する行為を規制する権限を有する……ところ，……本件鉄杭は，右の設置場所，その規模等に照らし，乙漁港の区域内の境川水域の利用を著しく阻害するものと認められ，同法39条1項の規定による設置許可の到底あり得ない，したがってその存置の許されないことの明白なものであるから，……漁港管理者の右管理権限に基づき漁港管理規程によって撤去することができる……。しかし，当時，乙町においては漁港管理規程が制定されていなかったのであるから，Yが乙漁港の管理者たる同町の町長として本件鉄杭撤去を強行したことは，漁港法の規定に違反しており，これにつき行政代執行法に基づく代執行としての適法性を肯定する余地はない。」

「乙町は，乙漁港の区域内の水域における障害を除去してその利用を確保し，さらに地方公共の秩序を維持し，住民及び滞在者の安全を保持する（地方自治法2条3項1号参照）という任務を負っているところ，同町の町長として右事務を処理すべき責任を有するYは，右のような状況下において，船舶航行の安全を図り，住民の危難を防止するため，その存置の許されないことが明白であって，撤去の強行によってもその財産的価値がほとんど損なわれないものと解される本件鉄杭をその責任において強行的に撤去したものであり，本件鉄杭撤去が強行されなかったとすれば，……本件鉄杭による航行船舶の事故及びそれによる住民の危難が生じないとは必ずしも保障し難い状況にあったこと，その事故及び危難が生じた場合の不都合，損失を考慮すれば，むしろYの本件鉄杭撤去の強行はやむを得ない適切な措置であった……。」

「そうすると，Yが乙町の町長として本件鉄杭撤去を強行したことは，漁港法及び行政代執行法上適法と認めることのできないものであるが，右の緊急の事態に対処するためにとられたやむを得ない措置であり，民法720条の法意に照らしても，乙町としては，Yが右撤去に直接要した費用を同町の経費として支出したことを容認すべきものであって，本件請負契約に基づく公金支出については，その違法性を肯認することはできず，Yが乙市に対し損害賠償責任を負うものとすることはできない……」。

□ ／ □ ／ □ ／

最判昭48.7.10　荒川民商事件（税務調査の要件・手続）

　税務調査の要件・手続等について最高裁が初めて基準となる見解を示すとともに，税務調査にとどまらず行政調査一般の法的性質や法的統制を示した判例について，文章中の空欄を埋めなさい。

　「所得税法234条1項の規定は，国税庁，国税局又は税務署の調査権限を有する職員において，当該調査の目的，調査すべき事項，申請，申告の体裁内容，帳簿等の記入保存状況，相手方の事業の形態等諸般の具体的事情にかんがみ，客観的な必要性があると判断される場合には，前記職権調査の一方法として，同条1項各号規定の者に対し質問し，又はその事業に関する帳簿，書類その他当該調査事項に関連性を有する物件の検査を行なう権限を認めた趣旨であって，この場合の質問検査の範囲，程度，時期，場所等実定法上特段の定めのない実施の細目については，右にいう質問検査の必要があり，かつ，これと相手方の私的利益との衡量において社会通念上相当な限度にとどまるかぎり，権限ある税務職員の合理的な選択に委ねられているものと解すべく，また，暦年終了前又は確定申告期間経過前といえども質問検査が法律上許されないものではなく，実施の日時場所の事前通知，調査の理由及び必要性の個別的，具体的な告知のごときも，質問検査を行なううえの法律上一律の要件とされているものではない。」

□ ／ □ ／ □ ／

最判平14.7.9　行政上の義務の履行確保（条例上の義務と民事手続による執行）

行政権においては通常，命令に対して国民が行政上の義務を履行しない場合，行政罰や行政上の強制執行の手段がある。

ある地方公共団体の条例に刑罰や行政上の強制執行の規定が存在しない場合，行政主体が義務履行確保手段として，裁判所に訴えて司法上の執行を求める訴訟を提起できるか争われた判例について，文章中の空欄を埋めなさい。

「行政事件を含む民事事件において裁判所がその固有の権限に基づいて審判することのできる対象は，裁判所法３条１項にいう「法律上の争訟」，すなわち当事者間の具体的な権利義務ないし法律関係の存否に関する紛争であって，かつ，それが法令の適用により終局的に解決することができるものに限られる……。

国又は地方公共団体が提起した訴訟であって，財産権の主体として自己の財産上の権利利益の保護救済を求めるような場合には，法律上の争訟に当たるというべきであるが，国又は地方公共団体が専ら行政権の主体として国民に対して行政上の義務の履行を求める訴訟は，法規の適用の適正ないし一般公益の保護を目的とするものであって，自己の権利利益の保護救済を目的とするものということはできないから，法律上の争訟として当然に裁判所の審判の対象となるものではなく，法律に特別の規定がある場合に限り，提起することが許されるものと解される。」

「そして，…。」

「本件訴えは，地方公共団体であるＸが本件条例８条に基づく行政上の義務の履行を求めて提起したものであり，原審が確定したところによると，当該義務がＸの財産的権利に由来するものであるという事情も認められないから，法律上の争訟に当たらず，不適法というほかはない。」

重要判例要旨一覧

最判平23.6.7　理由の提示（一級建築士免許取消し）

　行政処分に際して要求される理由提示に関する判例について，文章中の空欄を埋めなさい。

　「行政手続法14条1項本文が，不利益処分をする場合に同時にその理由を名宛人に示さなければならないとしているのは，名宛人に直接に義務を課し又はその権利を制限するという不利益処分の性質に鑑み，行政庁の判断の慎重と合理性を担保してその恣意を抑制するとともに，処分の理由を名宛人に知らせて不服の申立てに便宜を与える趣旨に出たものと解される。そして，同項本文に基づいてどの程度の理由を提示すべきかは，上記のような同項本文の趣旨に照らし，当該処分の根拠法令の規定内容，当該処分に係る処分基準の存否及び内容並びに公表の有無，当該処分の性質及び内容，当該処分の原因となる事実関係の内容等を総合考慮してこれを決定すべきである。」

　「建築士法10条1項……。」

　「本件免許取消処分は，同項本文の定める理由提示の要件を欠いた違法な処分であるというべきであって，取消しを免れない……。」

□ ／ 　 □ ／ 　 □ ／

最判昭60.7.16　申請に対する応答の留保（品川区マンション事件）

行政指導を理由とする処分の留保の許否に関する判例について，文章中の空欄を埋めなさい。

「確認処分の留保は，建築主の任意の協力・服従のもとに行政指導が行われていることに基づく事実上の措置にとどまるものであるから，建築主において自己の申請に対する確認処分を留保されたままでの行政指導には応じられないとの意思を明確に表明している場合には，かかる建築主の明示の意思に反してその受忍を強いることは許されない……といわなければならず，建築主が右のような行政指導に不協力・不服従の意思を表明している場合には，当該建築主が受ける不利益と右行政指導の目的とする公益上の必要性とを比較衡量して，右行政指導に対する建築主の不協力が社会通念上正義の観念に反するものといえるような特段の事情が存在しない限り，行政指導が行われているとの理由だけで確認処分を留保することは，違法である……。」

「したがって，いったん行政指導に応じて建築主と付近住民との間に話合いによる紛争解決をめざして協議が始められた場合でも，右協議の進行状況及び四囲の客観的状況により，建築主において建築主事に対し，確認処分を留保されたままでの行政指導にはもはや協力できないとの意思を真摯かつ明確に表明し，当該確認申請に対し直ちに応答すべきことを求めているものと認められるときには，他に前記特段の事情が存在するものと認められない限り，当該行政指導を理由に建築主に対し確認処分の留保の措置を受忍せしめることの許されないことは前述のとおりであるから，それ以後の右行政指導を理由とする確認処分の留保は，違法となる……。」

□ ／ □ ／ □ ／

最大判昭39.10.29 大田区ごみ焼却場事件

　取消訴訟あるいは抗告訴訟における「処分性」の有無の判断基準についてのリーディングケースの判例について，文章中の空欄を埋めなさい。

　行政事件訴訟特例法1条にいう行政庁の処分とは，所論のごとく行政庁の法令に基づく行為のすべてを意味するものではなく，公権力の主体たる国または公共団体が行う行為のうち，その行為によって，直接国民の権利義務を形成しまたはその範囲を確定することが法律上認められているものをいうものであることは，当裁判所の判例とするところである（最判昭和30・2・24民集9巻2号217頁を引用）。そして，かかる行政庁の行為は，公共の福祉の維持，増進のために，法の内容を実現することを目的とし，正当の権限ある行政庁により，法に準拠してなされるもので，社会公共の福祉に極めて関係の深い事柄であるから，法律は，行政庁の右のような行為の特殊性に鑑み，一方このような行政目的を可及的速かに達成せしめる必要性と，他方これによって権利，利益を侵害された者の法律上の救済を図ることの必要性とを勘案して，行政庁の右のような行為は仮りに違法なものであっても，それが正当な権限を有する機関により取り消されるまでは，一応適法性の推定を受け有効として取り扱われるものであることを認め，これによって権利，利益を侵害された者の救済については，通常の民事訴訟の方法によることなく，特別の規定によるべきこととしたのである。従ってまた，行政庁の行為によって権利，利益を侵害された者が，右行為を当然無効と主張し，行政事件訴訟特例法によって救済を求め得るには，当該行為が前叙のごとき性質を有し，その無効が正当な権限のある機関により確認されるまでは事実上有効なものとして取り扱われている場合でなければならない。

□ ／ □ ／ □ ／

最大判平20.9.10　抗告訴訟の対象（土地区画整理事業計画）

土地区画整理事業計画の決定につき処分性を否定した判例（青写真判決，最大判昭和41・2・23（民集20巻2号271頁））を変更した判決について，文章中の空欄を埋めなさい。

　土地区画整理事業の事業計画の決定「の公告がされると，換地処分の公告がある日まで，施行地区内において，土地区画整理事業の施行の障害となるおそれがある土地の形質の変更若しくは建築物その他の工作物の新築，改築若しくは増築を行い，又は政令で定める移動の容易でない物件の設置若しくはたい積を行おうとする者は，都道府県知事の許可を受けなければならず（法76条1項），これに違反した者がある場合には，都道府県知事は，当該違反者又はその承継者に対し，当該土地の原状回復等を命ずることができ（同条4項），この命令に違反した者に対しては刑罰が科される（法140条）。」

　「施行地区内の宅地所有者等は，事業計画の決定がされることによって，前記のような規制を伴う土地区画整理事業の手続に従って換地処分を受けるべき地位に立たされるものということができ，その意味で，その法的地位に直接的な影響が生ずるものというべきであり，事業計画の決定に伴う法的効果が一般的，抽象的なものにすぎないということはできない。」

　「もとより，換地処分を受けた宅地所有者等やその前に仮換地の指定を受けた宅地所有者等は，当該換地処分等を対象として取消訴訟を提起することができるが，換地処分等がされた段階では，実際上，既に工事等も進ちょくし，換地計画も具体的に定められるなどしており，その時点で事業計画の違法を理由として当該換地処分等を取り消した場合には，事業全体に著しい混乱をもたらすことになりかねない。それゆえ，換地処分等の取消訴訟において，宅地所有者等が事業計画の違法を主張し，その主張が認められたとしても，当該換地処分等を取り消すことは公共の福祉に適合しないとして事情判決（行政事件訴訟法31条1項）がされる可能性が相当程度あるのであり，換地処分等がされた段階でこれを対象として取消訴訟を提起することができるとしても，宅地所有者等の被る権利侵害に対する救済が十分に果たされるとはいい難い。そうすると，事業計画の適否が争われる場合，実効的な権利救済を図るためには，事業計画の決定がされた段階で，これを対象とした取消訴訟の提起を認めることに合理性がある……。」

　「以上によれば，市町村の施行に係る土地区画整理事業の事業計画の決定は，施行地区内の宅地所有者等の法的地位に変動をもたらすものであって，抗告訴訟の対象とするに足りる法的効果を有するものということができ，実効的な権利救

済を図るという観点から見ても，これを対象とした抗告訴訟の提起を認めるのが合理的である。したがって，上記事業計画の決定は，行政事件訴訟法 3 条 2 項にいう『行政庁の処分その他公権力の行使に当たる行為』に当たると解する……。」

□　/　　□　/　　□　/

最判平15.9.4　抗告訴訟の対象（労災就学援護費不支給決定）

給付に関する決定（労災就学援護費）について，法律自体では何ら具体的な定めをしていない場合（支給決定の仕組みを直接定めるのは通達であった）の処分性が争われた判例につき，文章中の空欄を埋めなさい。

「法23条1項2号は，政府は，労働福祉事業として，遺族の就学の援護等，被災労働者及びその遺族の援護を図るために必要な事業を行うことができると規定し，同条2項は，労働福祉事業の実施に関して必要な基準は労働省令で定めると規定している。これを受けて，労働省令である労働者災害補償保険法施行規則……1条3項は，労災就学援護費の支給に関する事務は，事業場の所在地を管轄する労働基準監督署長が行うと規定している。そして，『労災就学援護費の支給について』と題する労働省労働基準局長通達……は，労災就学援護費は法23条の労働福祉事業として設けられたものであることを明らかにした上，その別添『労災就学等援護費支給要綱』において，労災就学援護費の支給対象者，支給額，支給期間，欠格事由，支給手続等を定めており，所定の要件を具備する者に対し，所定額の労災就学援護費を支給すること，労災就学援護費の支給を受けようとする者は，労災就学等援護費支給申請書を業務災害に係る事業場の所在地を管轄する労働基準監督署長に提出しなければならず，同署長は，同申請書を受け取ったときは，支給，不支給等を決定し，その旨を申請者に通知しなければならないこととされている。」

「このような労災就学援護費に関する制度の仕組みにかんがみれば，法は，労働者が業務災害等を被った場合に，政府が，法第3章の規定に基づいて行う保険給付を補完するために，労働福祉事業として，保険給付と同様の手続により，被災労働者又はその遺族に対して労災就学援護費を支給することができる旨を規定しているものと解するのが相当である。そして，被災労働者又はその遺族は，……所定の支給要件を具備するときは所定額の労災就学援護費の支給を受けることができるという抽象的な地位を与えられているが，具体的に支給を受けるためには，労働基準監督署長に申請し，所定の支給要件を具備していることの確認を受けなければならず，労働基準監督署長の支給決定によって初めて具体的な労災就学援護費の支給請求権を取得する……。」

「そうすると，労働基準監督署長の行う労災就学援護費の支給又は不支給の決定は，法を根拠とする優越的な地位に基づいて一方的に行う公権力の行使であり，被災労働者又はその遺族の上記権利に直接影響を及ぼす法的効果を有するものであるから，抗告訴訟の対象となる行政処分に当たる……。」

重要判例要旨一覧

□＿＿／＿＿ □＿＿／＿＿ □＿＿／＿＿

最大判昭59.12.12　輸入禁制品該当の通知

輸入禁制品該当の通知の処分性について，文章中の空欄を埋めなさい。

「通関手続の実際においては，……輸入禁制品のうち，１，２，４号物件につい
ては，これに該当する貨物を没収して廃棄し，又はその積みもどしを命じ（同条
２項），３号物件については，これに該当すると認めるのに相当の理由がある旨
を通知する（同条３項）のであるが，およそ輸入手続において，貨物の輸入申告
に対し許可が与えられない場合にも，不許可処分がされることはない（３号物件
につき税関長の通知がされた場合にも，その後改めて不許可処分がされることは
ない）というのが確立した実務の取扱いで……これによると，同法21条３項の
通知は，当該物件につき輸入が許されないとする税関長の意見が初めて公にされ
るもので，しかも以後不許可処分がされることはなく，その意味において輸入申
告に対する行政庁側の最終的な拒否の態度を表明するものとみて妨げないものと
いうべきである。輸入申告及び許可の手続のない郵便物の輸入についても，同項
の通知が最終的な拒否の態度の表明に当たることは，何ら異なるところはない。
そして，現実に同項の通知がされたときは，郵便物以外の貨物については，輸入
申告者において，当該貨物を適法に保税地域から引き取ることができず……また，
郵便物については，名あて人において，郵政官署から配達又は交付を受けること
ができないことになる……以上説示したところによれば，かかる通関手続の実際
において，前記の税関長の通知は，実質的な拒否処分（不許可処分）として機能
しているものということができ，右の通知及び異議の申出に対する決定（関税定
率法21条５項）は，抗告訴訟の対象となる行政庁の処分及び決定に当たると解
するのが相当である。」

□ ／ 　□ ／ 　□ ／

最判平17.7.15　病院開設中止勧告

病院開設中止勧告の処分性について，文章中の空欄を埋めなさい。

「医療法は，病院を開設しようとするときは，開設地の都道府県知事の許可を受けなければならない旨を定めているところ（7条1項），都道府県知事は，一定の要件に適合する限り，病院開設の許可を与えなければならないが(同条3項)，医療計画の達成の推進のために特に必要がある場合には，都道府県医療審議会の意見を聴いて，病院開設申請者等に対し，病院の開設，病床数の増加等に関し勧告することができる（30条の7）。そして，医療法上は，上記の勧告に従わない場合にも，そのことを理由に病院開設の不許可等の不利益処分がされることはない。他方，健康保険法……43条の3第2項は，都道府県知事は，保険医療機関等の指定の申請があった場合に，一定の事由があるときは，その指定を拒むことができると規定しているが，この拒否事由の定めの中には，『保険医療機関等トシテ著シク不適当ト認ムルモノナルトキ』との定めがあり，昭和62年保険局長通知において，『医療法第30条の7の規定に基づき，都道府県知事が医療計画達成の推進のため特に必要があるものとして勧告を行ったにもかかわらず，病院開設が行われ，当該病院から保険医療機関の指定申請があった場合にあっては，健康保険法43条の3第2項に規定する『著シク不適当ト認ムルモノナルトキ』に該当するものとして，地方社会保険医療協議会に対し，指定拒否の諮問を行うこと』とされていた……。」「上記の医療法及び健康保険法の規定の内容やその運用の実情に照らすと，医療法30条の7の規定に基づく病院開設中止の勧告は，医療法上は当該勧告を受けた者が任意にこれに従うことを期待してされる行政指導として定められているけれども，当該勧告を受けた者に対し，これに従わない場合には，相当程度の確実さをもって，病院を開設しても保険医療機関の指定を受けることができなくなるという結果をもたらす……。そして，いわゆる国民皆保険制度が採用されている我が国においては，健康保険，国民健康保険等を利用しないで病院で受診する者はほとんどなく，保険医療機関の指定を受けずに診療行為を行う病院がほとんど存在しないことは公知の事実であるから，保険医療機関の指定を受けることができない場合には，実際上病院の開設自体を断念せざるを得ないことになる。このような医療法30条の7の規定に基づく病院開設中止の勧告の保険医療機関の指定に及ぼす効果及び病院経営における保険医療機関の指定の持つ意義を併せ考えると，この勧告は，行政事件訴訟法3条2項にいう『行政庁の処分その他公権力の行使に当たる行為』に当たると解するのが相当である。後に保険医療機関の指定拒否処分の効力を抗告訴訟によって争うことができると

しても，そのことは上記の結論を左右するものではない。」

最判平4.9.22　原子炉設置許可と第三者の原告適格

原子炉設置許可処分に対する取消訴訟における，原子炉設置場所周辺の住民らの原告適格の有無について，文章中の空欄を埋めなさい。

行政事件訴訟法9条にいう「『法律上の利益を有する者』とは，当該処分により自己の権利若しくは法律上保護された利益を侵害され又は必然的に侵害されるおそれのある者をいうのであり，当該処分を定めた行政法規が，不特定多数者の具体的利益を専ら一般的公益の中に吸収解消させるにとどめず，それが帰属する個々人の個別的利益としてもこれを保護すべきものとする趣旨を含むと解される場合には，かかる利益も右にいう法律上保護された利益に当たり，当該処分によりこれを侵害され又は必然的に侵害されるおそれのある者は，当該処分の取消訴訟における原告適格を有するものというべきである……。そして，当該行政法規が，不特定多数者の具体的利益をそれが帰属する個々人の個別的利益としても保護すべきものとする趣旨を含むか否かは，当該行政法規の趣旨・目的，当該行政法規が当該処分を通して保護しようとしている利益の内容・性質等を考慮して判断すべきである。」「規制法は，……核原料物質，核燃料物質及び原子炉の利用が平和の目的に限られ，かつ，これらの利用が計画的に行われることを確保するとともに，これらによる災害を防止し，及び核燃料物質を防護して，公共の安全を図るために，……必要な規制等を行うことなどを目的として制定されたものである（1条）。規制法23条1項に基づく原子炉の設置の許可申請は，……主務大臣に対して行われるが，……同法24条1項各号所定の許可基準のうち，3号（技術的能力に係る部分に限る。）は，当該申請者が原子炉を設置するために必要な技術的能力及びその運転を適確に遂行するに足りる技術的能力を有するか否かにつき，また，4号は，当該申請に係る原子炉施設の位置，構造及び設備が核燃料物質……，核燃料物質によって汚染された物……又は原子炉による災害の防止上支障がないものであるか否かにつき，審査を行うべきものと定めている。原子炉設置許可の基準として，右の3号（技術的能力に係る部分に限る。）及び4号が設けられた趣旨は，原子炉が，……その稼働により，内部に多量の人体に有害な放射性物質を発生させるものであって，原子炉を設置しようとする者が原子炉の設置，運転につき所定の技術的能力を欠くとき，又は原子炉施設の安全性が確保されないときは，当該原子炉施設の従業員やその周辺住民等の生命，身体に重大な危害を及ぼし，周辺の環境を放射能によって汚染するなど，深刻な災害を引き起こすおそれがあることにかんがみ，右災害が万が一にも起こらないようにするため，原子炉設置許可の段階で，原子炉を設置しようとする者の右技術的能力の

有無及び申請に係る原子炉施設の位置，構造及び設備の安全性につき十分な審査をし，右の者において所定の技術的能力があり，かつ，原子炉施設の位置，構造及び設備が右災害の防止上支障がないものであると認められる場合でない限り，主務大臣は原子炉設置許可処分をしてはならないとした点にある。そして，同法24条1項3号所定の技術的能力の有無及び4号所定の安全性に関する各審査に過誤，欠落があった場合には重大な原子炉事故が起こる可能性があり，事故が起こったときは，原子炉施設に近い住民ほど被害を受ける蓋然性が高く，しかも，その被害の程度はより直接的かつ重大なものとなるのであって，特に，原子炉施設の近くに居住する者はその生命，身体等に直接的かつ重大な被害を受けるものと想定されるのであり，右各号は，このような原子炉の事故等がもたらす災害による被害の性質を考慮した上で，右技術的能力及び安全性に関する基準を定めているものと解される。右の3号（技術的能力に係る部分に限る。）及び4号の設けられた趣旨，右各号が考慮している被害の性質等にかんがみると，右各号は，単に公衆の生命，身体の安全，環境上の利益を一般的公益として保護しようとするにとどまらず，原子炉施設周辺に居住し，右事故等がもたらす災害により直接的かつ重大な被害を受けることが想定される範囲の住民の生命，身体の安全等を個々人の個別的利益としても保護すべきものとする趣旨を含む……。」

「当該住民の居住する地域が，前記の原子炉事故等による災害により直接的かつ重大な被害を受けるものと想定される地域であるか否かについては，当該原子炉の種類，構造，規模等の当該原子炉に関する具体的な諸条件を考慮に入れた上で，当該住民の居住する地域と原子炉の位置との距離関係を中心として，社会通念に照らし，合理的に判断すべきものである。」

□ ／ □ ／ □ ／

最判平4.9.22 民事差止訴訟の可能性と抗告訴訟の訴えの利益

原子炉設置許可処分に対する無効確認訴訟において，同時に原子炉施設の民事差止訴訟を提起した場合の原告適格の有無について，文章中の空欄を埋めなさい。

　行政事件訴訟法36条の定める「処分の無効確認訴訟を提起し得るための要件の一つである，……当該処分の効力の有無を前提とする現在の法律関係に関する訴えによって目的を達することができない場合とは，当該処分に基づいて生ずる法律関係に関し，処分の無効を前提とする当事者訴訟又は民事訴訟によっては，その処分のため被っている不利益を排除することができない場合はもとより，当該処分に起因する紛争を解決するための争訟形態として，当該処分の無効を前提とする当事者訴訟又は民事訴訟との比較において，当該処分の無効確認を求める訴えのほうがより直截的で適切な争訟形態であるとみるべき場合をも意味する……。Xらは本件原子炉施設の設置者であるAに対し，人格権等に基づき本件原子炉の建設ないし運転の差止めを求める民事訴訟を提起しているが，右民事訴訟は，行政事件訴訟法36条にいう当該処分の効力の有無を前提とする現在の法律関係に関する訴えに該当するものとみることはできず，また，本件無効確認訴訟と比較して，本件設置許可処分に起因する本件紛争を解決するための争訟形態としてより直截的で適切なものであるともいえない……。」

重要判例要旨一覧

☐ ／ ☐ ／ ☐ ／

最判平13.3.13　林地開発許可と第三者の原告適格

林地開発許可処分に対する取消訴訟における，周辺住民(X1・X2)・周辺に立ち木等を所有している者(X3~X6)・同区域を水源とする河川から取水して営農している者(X7)の原告適格の有無について，文章中の空欄を埋めなさい。

本件において，X1・X2は，本件開発区域に近接する住居に居住しており，本件開発許可に基づく開発行為によって起こり得る土砂の流出又は崩壊その他の災害あるいは水害により，その生命，身体等を侵害されるおそれがあると主張している。そこで検討するのに，森林法10条の2第2項1号は，当該開発行為をする森林の現に有する土地に関する災害の防止の機能からみて，当該開発行為により当該森林の周辺の地域において土砂の流出又は崩壊その他の災害を発生させるおそれがないことを，また，同項1号の2は，当該開発行為をする森林の現に有する水害の防止の機能からみて，当該開発行為により当該機能に依存する地域における水害を発生させるおそれがないことを開発許可の要件としている。これらの規定は，森林において必要な防災措置を講じないままに開発行為を行うときは，その結果，土砂の流出又は崩壊，水害等の災害が発生して，人の生命，身体の安全等が脅かされるおそれがあることにかんがみ，開発許可の段階で，開発行為の設計内容を十分審査し，当該開発行為により土砂の流出又は崩壊，水害等の災害を発生させるおそれがない場合にのみ許可をすることとしているものである。そして，この土砂の流出又は崩壊，水害等の災害が発生した場合における被害は，当該開発区域に近接する一定範囲の地域に居住する住民に直接的に及ぶことが予想される。以上のような上記各号の趣旨・目的，これらが開発許可を通して保護しようとしている利益の内容・性質等にかんがみれば，これらの規定は，土砂の流出又は崩壊，水害等の災害防止機能という森林の有する公益的な機能の確保を図るとともに，土砂の流出又は崩壊，水害等の災害による被害が直接的に及ぶことが想定される開発区域に近接する一定範囲の地域に居住する住民の生命，身体の安全等を個々人の個別的利益としても保護すべきものとする趣旨を含むものと解すべきである。そうすると，土砂の流出又は崩壊，水害等の災害による直接的な被害を受けることが予想される範囲の地域に居住する者は，開発許可の取消しを求めるにつき法律上の利益を有する者として，その取消訴訟における原告適格を有すると解するのが相当である。

これを本件についてみると，本件開発区域は，過去に2回水害が発生している河川の上流に位置し，その水源になっていること，同川流域では本件ゴルフ場を含め合計6箇所のゴルフ場建設が予定されていること，X1・X2は，同川に臨

む山の斜面上に位置する本件開発区域の下方で，同川に近接した高低差の小さい地点に所在する住居に居住していることから，Ｘ１・Ｘ２は，「土砂の流出又は崩壊，水害等の災害による直接的な被害を受けることが予想される範囲の地域に居住する者と認めるのが相当である」。

「しかし，森林法10条の２第２項１号及び同項１号の２の規定から，周辺住民の生命，身体の安全等の保護に加えて周辺土地の所有権等の<u>財産権</u>までを個々人の個別的利益として保護すべきものとする趣旨を含むことを読み取ることは困難である。また，同項２号は，当該開発行為をする森林の現に有する水源のかん養の機能からみて，当該開発行為により当該機能に依存する地域における水の確保に著しい支障を及ぼすおそれがないことを，同項３号は，当該開発行為をする森林の現に有する環境の保全の機能からみて，当該開発行為により当該森林の周辺の地域における環境を著しく悪化させるおそれがないことを開発許可の要件としているけれども，これらの規定は，水の確保や良好な環境の保全という<u>公益的な見地</u>から開発許可の審査を行うことを予定しているものと解されるのであって，周辺住民等の個々人の個別的利益を保護する趣旨を含むものと解することはできない。」したがって，本件開発区域内又はその周辺に所在する土地上に立木を所有するＸ３～Ｘ６，及び同川から取水して営農しているＸ７は，原告適格を有しない。

☐ ／　　☐ ／　　☐ ／

最大判平17.12.7　都市計画事業認可と第三者の原告適格

都市計画事業認可処分に対する取消訴訟における，周辺の住民の原告適格の有無について，文章中の空欄を埋めなさい。

「行政事件訴訟法9条は，取消訴訟の原告適格について規定するが，同条1項にいう当該処分の取消しを求めるにつき『法律上の利益を有する者』とは，当該処分により自己の権利若しくは法律上保護された利益を侵害され，又は必然的に侵害されるおそれのある者をいうのであり，当該処分を定めた行政法規が，不特定多数者の具体的利益を専ら一般的公益の中に吸収解消させるにとどめず，それが帰属する個々人の個別的利益としてもこれを保護すべきものとする趣旨を含むと解される場合には，このような利益もここにいう法律上保護された利益に当たり，当該処分によりこれを侵害され又は必然的に侵害されるおそれのある者は，当該処分の取消訴訟における原告適格を有するものというべきである。

そして，処分の相手方以外の者について上記の法律上保護された利益の有無を判断するに当たっては，当該処分の根拠となる法令の規定の文言のみによることなく，当該法令の趣旨及び目的並びに当該処分において考慮されるべき利益の内容及び性質を考慮し，この場合において，当該法令の趣旨及び目的を考慮するに当たっては，当該法令と目的を共通にする関係法令があるときはその趣旨及び目的をも参酌し，当該利益の内容及び性質を考慮するに当たっては，当該処分がその根拠となる法令に違反してされた場合に害されることとなる利益の内容及び性質並びにこれが害される態様及び程度をも勘案すべきものである（同条2項参照）。」

「Xらが本件鉄道事業認可の取消しを求める原告適格を有するか否かについて検討する。」

「ア　都市計画法は，……同法59条の規定による認可等を受けて行われる都市計画施設の整備に関する事業等を都市計画事業と規定し（4条15項），その事業の内容が都市計画に適合することを認可の基準の1つとしている（61条1号）。」「都市計画に関する都市計画法の規定をみると，同法は，都市の健全な発展と秩序ある整備を図り，もって国土の均衡ある発展と公共の福祉の増進に寄与することを目的とし（1条），都市計画の基本理念の1つとして，健康で文化的な都市生活を確保すべきことを定めており（2条），都市計画の基準に関して，当該都市について公害防止計画が定められているときは都市計画がこれに適合したものでなければならないとし（13条1項柱書），都市施設は良好な都市環境を保持するように定めることとしている（同項5号）。また，同法は，都市計画の案を作

成しようとする場合において必要があると認められるときは，公聴会の開催等，住民の意見を反映させるために必要な措置を講ずるものとし（16条１項），都市計画を決定しようとする旨の公告があったときは，関係市町村の住民及び利害関係人は，縦覧に供された都市計画の案について意見書を提出することができるものとしている（17条１項，２項）。」

「イ　……上記の公害防止計画の根拠となる法令である公害対策基本法は，国民の健康を保護するとともに，生活環境を保全することを目的とし（１条），事業活動その他の人の活動に伴って生ずる相当範囲にわたる大気の汚染，水質の汚濁，土壌の汚染，騒音，振動等によって人の健康又は生活環境に係る被害が生ずることを公害と定義した上で（２条），国及び地方公共団体が公害の防止に関する施策を策定し，実施する責務を有するとし（４条，５条），内閣総理大臣が，現に公害が著しく，かつ，公害の防止に関する施策を総合的に講じなければ公害の防止を図ることが著しく困難であると認められる地域等について，公害防止計画の基本方針を示して関係都道府県知事にその策定を指示し，これを受けた関係都道府県知事が公害防止計画を作成して内閣総理大臣の承認を受けるものとしている（19条）……。」「公害防止計画に関するこれらの規定は，相当範囲にわたる騒音，振動等により健康又は生活環境に係る著しい被害が発生するおそれのある地域について，その発生を防止するために総合的な施策を講ずることを趣旨及び目的とする……。そして，都市計画法13条１項柱書が，都市計画は公害防止計画に適合しなければならない旨を規定していることからすれば，都市計画の決定又は変更に当たっては，上記のような公害防止計画に関する公害対策基本法の規定の趣旨及び目的を踏まえて行われることが求められるものというべきである。」

「さらに，東京都においては，環境に著しい影響を及ぼすおそれのある事業の実施が環境に及ぼす影響について事前に調査，予測及び評価を行い，これらの結果について公表すること等の手続に関し必要な事項を定めることにより，事業の実施に際し公害の防止等に適正な配慮がされることを期し，都民の健康で快適な生活の確保に資することを目的として，本件条例（東京都環境影響評価条例）が制定されている。本件条例は，Ａが，良好な環境を保全し，都民の健康で快適な生活を確保するため，本件条例に定める手続が適正かつ円滑に行われるよう努めなければならない基本的責務を負うものとした上で（３条），事業者から提出された環境影響評価書及びその概要の写しを対象事業に係る許認可権者（都市計画の決定又は変更の権限を有する者を含む。２条８号）に送付して（24条２項），許認可等を行う際に評価書の内容に十分配慮するよう要請しなければならないとし（25条），対象事業が都市計画法の規定により都市計画に定められる場合においては，本件条例による手続を都市計画の決定の手続に合わせて行うよう努める

ものとしている（45条）。これらの規定は，都市計画の決定又は変更に際し，環境影響評価等の手続を通じて公害の防止等に適正な配慮が図られるようにすることも，その趣旨及び目的とするものということができる。」

「ウ　……都市計画事業の認可は，都市計画に事業の内容が適合することを基準としてされるものであるところ，前記アのような都市計画に関する都市計画法の規定に加えて，前記イの公害対策基本法等の規定の趣旨及び目的をも参酌し，併せて，都市計画法66条が，認可の告示があったときは，施行者が，事業の概要について事業地及びその付近地の住民に説明し，意見を聴取する等の措置を講ずることにより，事業の施行についてこれらの者の協力が得られるように努めなければならないと規定していることも考慮すれば，都市計画事業の認可に関する同法の規定は，事業に伴う騒音，振動等によって，事業地の周辺地域に居住する住民に健康又は生活環境の被害が発生することを防止し，もって健康で文化的な都市生活を確保し，良好な生活環境を保全することも，その趣旨及び目的とする……。」

「エ　都市計画法又はその関係法令に違反した違法な都市計画の決定又は変更を基礎として都市計画事業の認可がされた場合に，そのような事業に起因する騒音，振動等による被害を直接的に受けるのは，事業地の周辺の一定範囲の地域に居住する住民に限られ，その被害の程度は，居住地が事業地に接近するにつれて増大する……。また，このような事業に係る事業地の周辺地域に居住する住民が，当該地域に居住し続けることにより上記の被害を反復，継続して受けた場合，その被害は，これらの住民の健康や生活環境に係る著しい被害にも至りかねない……。そして，都市計画事業の認可に関する同法の規定は，その趣旨及び目的にかんがみれば，事業地の周辺地域に居住する住民に対し，違法な事業に起因する騒音，振動等によってこのような健康又は生活環境に係る著しい被害を受けないという具体的利益を保護しようとするものと解されるところ，前記のような被害の内容，性質，程度等に照らせば，この具体的利益は，一般的公益の中に吸収解消させることが困難」である。

「オ　以上のような都市計画事業の認可に関する都市計画法の規定の趣旨及び目的，これらの規定が都市計画事業の認可の制度を通して保護しようとしている利益の内容及び性質等を考慮すれば，同法は，これらの規定を通じて，都市の健全な発展と秩序ある整備を図るなどの公益的見地から都市計画施設の整備に関する事業を規制するとともに，騒音，振動等によって健康又は生活環境に係る著しい被害を直接的に受けるおそれのある個々の住民に対して，そのような被害を受けないという利益を個々人の個別的利益としても保護すべきものとする趣旨を含む……。したがって，都市計画事業の事業地の周辺に居住する住民のうち当該事業が実施されることにより騒音，振動等による健康又は生活環境に係る著しい被

害を直接的に受けるおそれのある者は，当該事業の認可の取消しを求めるにつき法律上の利益を有する者として，その取消訴訟における原告適格を有する……。」

「カ　以上の見解に立って，本件鉄道事業認可の取消しを求める原告適格についてみると，前記事実関係等によれば，……（Xらのうち37名）は，いずれも本件鉄道事業に係る関係地域内である上記各目録記載の各住所地に居住しているというのである。そして，これらの住所地と本件鉄道事業の事業地との距離関係などに加えて，本件条例2条5号の規定する関係地域が，対象事業を実施しようとする地域及びその周辺地域で当該対象事業の実施が環境に著しい影響を及ぼすおそれがある地域としてAが定めるものであることを考慮すれば，上記のXらについては，本件鉄道事業が実施されることにより騒音，振動等による健康又は生活環境に係る著しい被害を直接的に受けるおそれのある者に当たると認められるから，本件鉄道事業認可の取消しを求める原告適格を有するものと解するのが相当である。」

重要判例要旨一覧

☐ ／ ☐ ／ ☐ ／

▌最判平21.10.15　場外車券発売施設設置許可と第三者の原告適格

　場外車券発売施設設置許可処分に対する取消訴訟における，周辺住民ないし病院等を開設している者の原告適格の有無について，文章中の空欄を埋めなさい。

　「一般的に，場外施設が設置，運営された場合に周辺住民等が被る可能性のある被害は，交通，風紀，教育など広い意味での生活環境の悪化であって，その設置，運営により，直ちに周辺住民等の生命，身体の安全や健康が脅かされたり，その財産に著しい被害が生じたりすることまでは想定し難い……。そして，このような生活環境に関する利益は，基本的には公益に属する利益というべきであって，法令に手掛かりとなることが明らかな規定がないにもかかわらず，当然に，法が周辺住民等において上記のような被害を受けないという利益を個々人の個別的利益としても保護する趣旨を含むと解するのは困難」である。

　「イ　位置基準は，場外施設が医療施設等から相当の距離を有し，当該場外施設において車券の発売等の営業が行われた場合に文教上又は保健衛生上著しい支障を来すおそれがないことを，その設置許可要件の一つとして定める……。場外施設が設置，運営されることに伴う上記の支障は，基本的には，その周辺に所在する医療施設等を利用する児童，生徒，患者等の不特定多数者に生じ得るものであって，かつ，それらの支障を除去することは，心身共に健康な青少年の育成や公衆衛生の向上及び増進といった公益的な理念ないし要請と強くかかわる……。そして，当該場外施設の設置，運営に伴う上記の支障が著しいものといえるか否かは，単に個々の医療施設等に着目して判断されるべきものではなく，当該場外施設の設置予定地及びその周辺の地域的特性，文教施設の種類・学区やその分布状況，医療施設の規模・診療科目やその分布状況，当該場外施設が設置，運営された場合に予想される周辺環境への影響等の事情をも考慮し，長期的観点に立って総合的に判断されるべき事柄である。規則が，場外施設の設置許可申請書に，敷地の周辺から1000ｍ以内の地域にある医療施設等の位置及び名称を記載した見取図のほか，場外施設を中心とする交通の状況図及び場外施設の配置図を添付することを義務付けたのも，このような公益的見地からする総合的判断を行う上での基礎資料を提出させることにより，上記の判断をより的確に行うことができるようにするところに重要な意義がある……。」

　「このように，法及び規則が位置基準によって保護しようとしているのは，第一次的には，上記のような不特定多数者の利益であるところ，それは，性質上，一般的公益に属する利益であって，原告適格を基礎付けるには足りない……。したがって，場外施設の周辺において居住し又は事業（医療施設等に係る事業を除

く。）を営むにすぎない者や，医療施設等の利用者は，位置基準を根拠として場外施設の設置許可の取消しを求める原告適格を有しない……。」

「ウ　もっとも，場外施設は，多数の来場者が参集することによってその周辺に享楽的な雰囲気や喧噪といった環境をもたらすものであるから，位置基準は，そのような環境の変化によって周辺の医療施設等の開設者が被る文教又は保健衛生にかかわる業務上の支障について，特に国民の生活に及ぼす影響が大きいものとして，その支障が著しいものである場合に当該場外施設の設置を禁止し当該医療施設等の開設者の行う業務を保護する趣旨をも含む規定である……。したがって，仮に当該場外施設が設置，運営されることに伴い，その周辺に所在する特定の医療施設等に上記のような著しい支障が生ずるおそれが具体的に認められる場合には，当該場外施設の設置許可が違法とされることもあることとなる。」「このように，位置基準は，一般的公益を保護する趣旨に加えて，上記のような業務上の支障が具体的に生ずるおそれのある医療施設等の開設者において，健全で静穏な環境の下で円滑に業務を行うことのできる利益を，個々の開設者の個別的利益として保護する趣旨をも含む規定であるというべきであるから，当該場外施設の設置，運営に伴い著しい業務上の支障が生ずるおそれがあると位置的に認められる区域に医療施設等を開設する者は，位置基準を根拠として当該場外施設の設置許可の取消しを求める原告適格を有する……。そして，このような見地から，当該医療施設等の開設者が上記の原告適格を有するか否かを判断するに当たっては，当該場外施設が設置，運営された場合にその規模，周辺の交通等の地理的状況等から合理的に予測される来場者の流れや滞留の状況等を考慮して，当該医療施設等が上記のような区域に所在しているか否かを，当該場外施設と当該医療施設等との距離や位置関係を中心として社会通念に照らし合理的に判断すべきものと解するのが相当である。」

「なお，原審は，場外施設の設置許可申請書に，敷地の周辺から1000ｍ以内の地域にある医療施設等の位置及び名称を記載した見取図等を添付すべきことを義務付ける定めがあることを一つの根拠として，上記地域において医療等の事業を営む者一般に上記の原告適格を肯定している。確かに，上記見取図は，これに記載された個々の医療施設等に前記のような業務上の支障が生ずるか否かを審査する際の資料の１つとなり得るものではあるが，場外施設の設置，運営が周辺の医療施設等に対して及ぼす影響はその周辺の地理的状況等に応じて一様ではなく，上記の定めが上記地域において医療等の事業を営むすべての者の利益を個別的利益としても保護する趣旨を含むとまでは解し難いのであるから，このような地理的状況等を一切問題とすることなく，これらの者すべてに一律に上記の原告適格が認められるとすることはできない……。」

「エ　これを本件について見ると，……本件敷地の周辺において医療施設を開

設するXらのうち，本件敷地の周辺から約800m離れた場所に医療施設を開設する者……（は），本件敷地周辺の地理的状況等にかんがみると，当該医療施設が本件施設の設置，運営により保健衛生上著しい支障を来すおそれがあると位置的に認められる区域内に所在しているとは認められない……。これに対し，その余の……（者）は，いずれも本件敷地の周辺から約120mないし200m離れた場所に医療施設を開設する者であり，前記の考慮要素を勘案することなく上記の原告適格を有するか否かを的確に判断することは困難というべきである。」

「オ　次に，周辺環境調和基準は，場外施設の規模，構造及び設備並びにこれらの配置が周辺環境と調和したものであることをその設置許可要件の1つとして定めるものである。同基準は，場外施設の規模が周辺に所在する建物とそぐわないほど大規模なものであったり，いたずらに射幸心をあおる外観を呈しているなどの場合に，当該場外施設の設置を不許可とする旨を定めたものであって，良好な風俗環境を一般的に保護し，都市環境の悪化を防止するという公益的見地に立脚した規定と解される。同基準が，場外施設周辺の居住環境との調和を求める趣旨を含む規定であると解したとしても，そのような観点からする規制は，基本的に，用途の異なる建物の混在を防ぎ都市環境の秩序ある整備を図るという一般的公益を保護する見地からする規制というべきである。また，『周辺環境と調和したもの』という文言自体，甚だ漠然とした定めであって，位置基準が上記のように限定的要件を明確に定めているのと比較して，そこから，場外施設の周辺に居住する者等の具体的利益を個々人の個別的利益として保護する趣旨を読み取ることは困難といわざるを得ない。」

「したがって，Xら（のうち場外施設の敷地の周辺に居住する者）は，周辺環境調和基準を根拠として本件許可の取消しを求める原告適格を有するということはできない……。」

最判平26.1.28　競業者の原告適格～一般廃棄物処理業～

　一般廃棄物処理業許可更新処分に対する取消訴訟における，競業者の原告適格の有無について，文章中の空欄を埋めなさい。

　「行政事件訴訟法9条が，取消訴訟の原告適格について規定するが，同条1項にいう当該処分の取消しを求めるにつき『法律上の利益を有する者』とは，当該処分により自己の権利若しくは法律上保護された利益を侵害され，又は必然的に侵害されるおそれのある者をいうのであり，当該処分を定めた行政法規が，不特定多数者の具体的利益を専ら一般的公益の中に吸収解消させるにとどめず，それが帰属する個々人の個別的利益としてもこれを保護すべきものとする趣旨を含むと解される場合には，このような利益もここにいう法律上保護された利益に当たり，当該処分によりこれを侵害され又は必然的に侵害されるおそれのある者は，当該処分の取消訴訟における原告適格を有するものというべきである。そして，処分の相手方以外の者について上記の法律上保護された利益の有無を判断するに当たっては，当該処分の根拠となる法令の規定の文言のみによることなく，当該法令の趣旨及び目的並びに当該処分において考慮されるべき利益の内容及び性質を考慮し，この場合において，当該法令の趣旨及び目的を考慮するに当たっては，当該法令と目的を共通にする関係法令があるときはその趣旨及び目的をも参酌し，当該利益の内容及び性質を考慮するに当たっては，当該処分がその根拠となる法令に違反してされた場合に害されることとなる利益の内容及び性質並びにこれが害される態様及び程度をも勘案すべきものである（同条2項，最高裁平成……17年12月7日大法廷判決……（注：小田急事件訴訟）参照）。」

　「廃棄物処理法は，廃棄物の適正な収集運搬，処分等の処理をし，生活環境を清潔にすることにより，生活環境の保全及び公衆衛生の向上を図ることを目的として，廃棄物の処理について規制を定めている（同法1条）。

　市町村は，一般廃棄物について，その区域内における収集運搬及び処分に関する事業の実施をその責務とし，計画的に事業を遂行するために一般廃棄物処理計画を定め，これに従って一般廃棄物の処理を自ら行い，又は市町村以外の者に委託し若しくは許可を与えて行わせるものとされており（廃棄物処理法4条1項，6条，6条の2，7条1項），市町村以外の者に対する市町村長の一般廃棄物処理業の許可又はその更新については，当該市町村による一般廃棄物の収集運搬又は処分が困難であること（同法7条5項1号，10項1号）が要件とされている。

　上記の一般廃棄物処理計画には，一般廃棄物の発生量及び処理量の見込み（同法6条2項1号），一般廃棄物の適正な処理及びこれを実施する者に関する基本

重要判例要旨一覧

的事項（同項４号）等を定めるものとされており，一般廃棄物処理業の許可又は
その更新については，その申請の内容が一般廃棄物処理計画に適合するものであ
ること（同法７条５項２号，10項２号）が要件とされているほか，一般廃棄物
の収集運搬及び処分に関する政令で定める基準に従って処理が行われるべきこと
（同法６条の２第２項，７条13項）や，施設及び申請者の能力がその事業を的確
にかつ継続して行うに足りるものとして環境省令で定める経理的基礎その他の基
準に適合するものであること（同法７条５項３号，10項３号，同法施行規則２
条の２及び２条の４）が要件とされている。

　加えて，一般廃棄物処理業の許可又はその更新がされる場合においても，市町
村長は，これらの処分の際に生活環境の保全上必要な条件を付すことができ（廃
棄物処理法７条11項），許可業者が同法の規定又は上記の条件に違反したとき等
には事業停止命令や許可取消処分をする権限を有しており（同法７条の３，７条
の４），また，許可業者が廃業するには市町村長に届出をしなければならず（同
法７条の２第３項），許可業者が行う事業の料金は，市町村が自ら行う事業と競
合する場合には条例で定める上限を超えることはできない（同法７条12項）と
されるなど，許可業者は，市町村による所定の規制に服するものとされている。」

「一般廃棄物処理業は，市町村の住民の生活に必要不可欠な公共性の高い事業
であり，その遂行に支障が生じた場合には，市町村の区域の衛生や環境が悪化す
る事態を招来し，ひいては一定の範囲で市町村の住民の健康や生活環境に被害や
影響が及ぶ危険が生じ得るものであって，その適正な運営が継続的かつ安定的に
確保される必要がある上，一般廃棄物は人口等に応じておおむねその発生量が想
定され，その業務量には一定の限界がある。廃棄物処理法が，業務量の見込みに
応じた計画的な処理による適正な事業の遂行の確保についての統括的な責任を市
町村に負わせているのは，このような事業の遂行に支障を生じさせないためであ
る。そして，既存の許可業者によって一般廃棄物の適正な処理が行われており，
これを踏まえて一般廃棄物処理計画が作成されている場合には，市町村長は，そ
れ以外の者からの一般廃棄物処理業の許可又はその更新の申請につき，一般廃棄
物の適正な処理を継続的かつ安定的に実施させるためには既存の許可業者のみに
引き続きこれを行わせるのが相当であり，当該申請の内容が当該一般廃棄物処理
計画に適合するものであるとは認められないとして不許可とすることができるも
のと解される（最高裁平成……16年１月15日……判決……参照）。このように，
市町村が市町村以外の者に許可を与えて事業を行わせる場合においても，一般廃
棄物の発生量及び処理量の見込みに基づいてこれを適正に処理する実施主体等を
定める一般廃棄物処理計画に適合すること等の許可要件に関する市町村長の判断
を通じて，許可業者の濫立等によって事業の適正な運営が害されることのないよ
う，一般廃棄物処理業の需給状況の調整が図られる仕組みが設けられているもの

といえる。そして，許可業者が収集運搬又は処分を行うことができる区域は当該市町村又はその一部の区域内(廃棄物処理法7条11項)に限定されていることは，これらの区域を対象として上記の需給状況の調整が図られることが予定されていることを示すものといえる。」

「市町村長が一般廃棄物処理業の許可を与え得るのは，当該市町村による一般廃棄物の処理が困難である場合に限られており，これは，一般廃棄物の処理が本来的には市町村がその責任において自ら実施すべき事業であるため，その処理能力の限界等のために市町村以外の者に行わせる必要がある場合に初めてその事業の許可を与え得るとされたものであると解されること，上記のとおり一定の区域内の一般廃棄物の発生量に応じた需給状況の下における適正な処理が求められること等からすれば，廃棄物処理法において，一般廃棄物処理業は，専ら自由競争に委ねられるべき性格の事業とは位置付けられていないものといえる。」

「そして，市町村長から一定の区域につき既に一般廃棄物処理業の許可又はその更新を受けている者がある場合に，当該区域を対象として他の者に対してされた一般廃棄物処理業の許可又はその更新が，当該区域における需給の均衡及びその変動による既存の許可業者の事業への影響についての適切な考慮を欠くものであるならば，許可業者の濫立により需給の均衡が損なわれ，その経営が悪化して事業の適正な運営が害され，これにより当該区域の衛生や環境が悪化する事態を招来し，ひいては一定の範囲で当該区域の住民の健康や生活環境に被害や影響が及ぶ危険が生じ得るものといえる。一般廃棄物処理業の許可又はその更新の許否の判断に当たっては，上記のように，その申請者の能力の適否を含め，一定の区域における一般廃棄物の処理がその発生量に応じた需給状況の下において当該区域の全体にわたって適正に行われることが確保されるか否かを審査することが求められるのであって，このような事柄の性質上，市町村長に一定の裁量が与えられていると解されるところ，廃棄物処理法は，上記のような事態を避けるため，前記のような需給状況の調整に係る規制の仕組みを設けているのであるから，一般廃棄物処理計画との適合性等に係る許可要件に関する市町村長の判断に当たっては，その申請に係る区域における一般廃棄物処理業の適正な運営が継続的かつ安定的に確保されるように，当該区域における需給の均衡及びその変動による既存の許可業者の事業への影響を適切に考慮することが求められるものというべきである。」

「以上のような一般廃棄物処理業に関する需給状況の調整に係る規制の仕組み及び内容，その規制に係る廃棄物処理法の趣旨及び目的，一般廃棄物処理の事業の性質，その事業に係る許可の性質及び内容等を総合考慮すると，廃棄物処理法は，市町村長から一定の区域につき一般廃棄物処理業の許可又はその更新を受けて市町村に代わってこれを行う許可業者について，当該区域における需給の均衡

が損なわれ，その事業の適正な運営が害されることにより前記のような事態が発生することを防止するため，上記の規制を設けているものというべきであり，同法は，他の者からの一般廃棄物処理業の許可又はその更新の申請に対して市町村長が上記のように既存の許可業者の事業への影響を考慮してその許否を判断することを通じて，当該区域の衛生や環境を保持する上でその基礎となるものとして，その事業に係る営業上の利益を個々の既存の許可業者の個別的利益としても保護すべきものとする趣旨を含むと解するのが相当である。したがって，市町村長から一定の区域につき既に廃棄物処理法７条に基づく一般廃棄物処理業の許可又はその更新を受けている者は，当該区域を対象として他の者に対してされた一般廃棄物処理業の許可処分又は許可更新処分について，その取消しを求めるにつき法律上の利益を有する者として，その取消訴訟における原告適格を有する」。

□ ／ □ ／ □ ／

最判昭59.10.26 建築確認と訴えの利益

建築確認に対する取消訴訟係属中に，建築工事が完了し，検査済証が交付された場合，訴えの利益が失われるかについて，文章中の空欄を埋めなさい。

「建築確認は，建築基準法6条1項の建築物の建築等の工事が着手される前に，当該建築物の計画が建築関係規定に適合していることを公権的に判断する行為であって，それを受けなければ右工事をすることができないという法的効果が付与されており，建築関係規定に違反する建築物の出現を未然に防止することを目的としたものということができる。しかしながら，右工事が完了した後における建築主事等の検査は，当該建築物及びその敷地が建築関係規定に適合しているかどうかを基準とし，同じく特定行政庁の違反是正命令は，当該建築物及びその敷地が建築基準法並びにこれに基づく命令及び条例の規定に適合しているかどうかを基準とし，いずれも当該建築物及びその敷地が建築確認に係る計画どおりのものであるかどうかを基準とするものでない上，違反是正命令を発するかどうかは，特定行政庁の裁量にゆだねられているから，建築確認の存在は，検査済証の交付を拒否し又は違反是正命令を発する上において法的障害となるものではなく，また，たとえ建築確認が違法であるとして判決で取り消されたとしても，検査済証の交付を拒否し又は違反是正命令を発すべき法的拘束力が生ずるものではない。したがって，建築確認は，それを受けなければ右工事をすることができないという法的効果を付与されているにすぎないものというべきであるから，当該工事が完了した場合においては，建築確認の取消しを求める訴えの利益は失われる……。」

重要判例要旨一覧

□ ／　□ ／　□ ／

最判平27.3.3　裁量基準の効果と訴えの利益

処分の効力の期間が経過したあとの訴えの利益の有無について，文章中の空欄を埋めなさい。

「行政手続法は，行政運営における公正の確保と透明性の向上を図り，もって国民の権利利益の保護に資することをその目的とし（1条1項），行政庁は，不利益処分をするかどうか又はどのような不利益処分とするかについてその法令の定めに従って判断するために必要とされる基準である処分基準（2条8号ハ）を定め，かつ，これを公にしておくよう努めなければならないものと規定している（12条1項）。

上記のような行政手続法の規定の文言や趣旨等に照らすと，同法12条1項に基づいて定められ公にされている処分基準は，単に行政庁の行政運営上の便宜のためにとどまらず，不利益処分に係る判断過程の公正と透明性を確保し，その相手方の権利利益の保護に資するために定められ公にされるものというべきである。したがって，行政庁が同項の規定により定めて公にしている処分基準において，先行の処分を受けたことを理由として後行の処分に係る量定を加重する旨の不利益な取扱いの定めがある場合に，当該行政庁が後行の処分につき当該処分基準の定めと異なる取扱いをするならば，裁量権の行使における公正かつ平等な取扱いの要請や基準の内容に係る相手方の信頼の保護等の観点から，当該処分基準の定めと異なる取扱いをすることを相当と認めるべき特段の事情がない限り，そのような取扱いは裁量権の範囲の逸脱又はその濫用に当たることとなるものと解され，この意味において，当該行政庁の後行の処分における裁量権は当該処分基準に従って行使されるべきことがき束されており，先行の処分を受けた者が後行の処分の対象となるときは，上記特段の事情がない限り当該処分基準の定めにより所定の量定の加重がされることになるものということができる。

以上に鑑みると，行政手続法12条1項の規定により定められ公にされている処分基準において，先行の処分を受けたことを理由として後行の処分に係る量定を加重する旨の不利益な取扱いの定めがある場合には，上記先行の処分に当たる処分を受けた者は，将来において上記後行の処分に当たる処分の対象となり得るときは，上記先行の処分に当たる処分の効果が期間の経過によりなくなった後においても，当該処分基準の定めにより上記の不利益な取扱いを受けるべき期間内はなお当該処分の取消しによって回復すべき法律上の利益を有するものと解するのが相当である。

そうすると，本件において，Ｘは，行政手続法12条1項の規定により定めら

れ公にされている処分基準である本件規程の定めにより将来の営業停止命令における停止期間の量定が加重されるべき本件処分後3年の期間内は，なお本件処分の取消しによって回復すべき法律上の利益を有するものというべきである。」

最判昭56.7.14　処分理由の差替え～課税処分～

　青色申告に対する更正処分の取消訴訟において，処分の理由を追加して主張することが許されるかについて，文章中の空欄を埋めなさい。

　「被上告人は，本訴における本件更正処分の適否に関する新たな攻撃防禦方法として，仮に本件不動産の取得価額が7600万9600円であるとしても，その販売価額は9450万円であるから，いずれにしても本件更正処分は適法であるとの趣旨の本件追加主張をした，というのであって，このような場合に被上告人に本件追加主張の提出を許しても，右更正処分を争うにつき被処分者たる上告人に 格別 の 不利益 を与えるものではないから，一般的に青色申告書による申告についてした更正処分の取消訴訟において更正の理由とは異なるいかなる事実をも主張することができると解すべきかどうかはともかく，被上告人が本件追加主張を提出することは妨げないとした原審の判断は，結論において正当として是認することができる。」

最判平元.2.17　行訴法10条1項による主張制限

飛行場周辺の居住者が定期航空運送事業免許の取消しを請求することは「自己の法律上の利益に関係のない違法」にあたるか，文章中の空欄を埋めなさい。

「取消訴訟の原告適格について規定する行政事件訴訟法9条にいう当該処分の取消しを求めるにつき『法律上の利益を有する者』とは，当該処分により自己の権利若しくは法律上保護された利益を侵害され又は必然的に侵害されるおそれのある者をいうのであるが，当該処分を定めた行政法規が，不特定多数者の具体的利益をもっぱら一般的公益の中に吸収解消させるにとどめず，それが帰属する個々人の個別的利益としてもこれを保護すべきものとする趣旨を含むと解される場合には，かかる利益も右にいう法律上保護された利益に当たり，当該処分によりこれを侵害され又は必然的に侵害されるおそれのある者は，当該処分の取消訴訟における原告適格を有する……。そして，当該行政法規が，不特定多数者の具体的利益をそれが帰属する個々人の個別的利益としても保護すべきものとする趣旨を含むか否かは，当該行政法規及びそれと目的を共通する関連法規の関係規定によって形成される法体系の中において，当該処分の根拠規定が，当該処分を通して右のような個々人の個別的利益をも保護すべきものとして位置付けられているとみることができるかどうかによって決すべきである。」

「右のような見地に立って，以下，航空法（以下「法」という。）100条，101条に基づく定期航空運送事業免許につき，飛行場周辺に居住する者が，当該免許に係る路線を運行する航空機の騒音により障害を受けることを理由として，その取消しを訴求する原告適格を有するか否かを検討する。」

「法は，……航空機の航行に起因する障害の防止を図ることをその直接の目的の1つとしている（法1条）。この目的は，……航空機騒音の排出規制の観点から……運輸大臣がその証明を行う騒音基準適合証明制度に関する……規定が新設された際に，新たに追加されたものであるから，右にいう航空機の航行に起因する障害に航空機の騒音による障害が含まれる……。」

「更に，運輸大臣は，定期航空運送事業について公共の福祉を阻害している事実があると認めるときは，事業改善命令の1つとして，事業計画の変更を命ずることができるのであるが（法112条），右にいう公共の福祉を阻害している事実に，飛行場周辺に居住する者に与える航空機騒音障害が一つの要素として含まれることは，……前述した法1条に定める目的に照らし明らかである。また，航空運送事業の免許権限を有する運輸大臣は，他方において，公共用飛行場の周辺における航空機の騒音による障害の防止等を目的とする公共用飛行場周辺における航空

機騒音による障害の防止等に関する法律 3 条に基づき，公共用飛行場周辺における航空機の騒音による障害の防止・軽減のために必要があるときは，航空機の航行方法の指定をする権限を有しているのであるが，同一の行政機関である運輸大臣が行う定期航空運送事業免許の審査は，関連法規である同法の航空機の騒音による障害の防止の趣旨をも踏まえて行われる……。」

「以上のような航空機騒音障害の防止の観点からの定期航空運送事業に対する規制に関する法体系をみると，……申請に係る事業計画の内容が，航空機の騒音による障害の防止の観点からも適切なものであるか否かを審査すべきものとしているといわなければならない。換言すれば，申請に係る事業計画が法101条1項3号にいう『経営上及び航空保安上適切なもの』であるかどうかは，当該事業計画による使用飛行場周辺における当該事業計画に基づく航空機の航行による騒音障害の有無及び程度を考慮に入れたうえで判断されるべきものである。したがって，……使用飛行場の周辺に居住する者に騒音障害をもたらすことになるにもかかわらず，当該事業計画が適切なものであるとして定期航空運送事業免許が付与されたときに，……免許権者に委ねられた裁量の逸脱があると判断される場合がありうるのであって，そのような場合には，当該免許は，申請が法101条1項3号の免許基準に適合しないのに付与されたものとして，違法となる……。」

「航空機の騒音による障害の被害者は，飛行場周辺の一定の地域的範囲の住民に限定され，その障害の程度は居住地域が離着陸経路に接近するにつれて増大するものであり，他面，飛行場に航空機が発着する場合に常にある程度の騒音が伴うことはやむをえないところであり，また，航空交通による利便が……社会に多大の効用をもたらしていることにかんがみれば，飛行場周辺に居住する者は，ある程度の航空機騒音については，不可避のものとしてこれを甘受すべきであるといわざるをえず，その騒音による障害が著しい程度に至ったときに初めて，その防止・軽減を求めるための法的手段に訴えることを許容しうるような利益侵害が生じたものとせざるをえないのである。このような航空機の騒音による障害の性質等を踏まえて，前述した航空機騒音障害の防止の観点からの定期航空運送事業に対する規制に関する法体系をみると，法が，定期航空運送事業免許の審査において，航空機の騒音による障害の防止の観点から，申請に係る事業計画が101条1項3号にいう『経営上及び航空保安上適切なもの』であるかどうかを，当該事業計画による使用飛行場周辺における当該事業計画に基づく航空機の航行による騒音障害の有無及び程度を考慮に入れたうえで判断すべきものとしているのは，単に飛行場周辺の環境上の利益を一般的公益として保護しようとするにとどまらず，飛行場周辺に居住する者が航空機の騒音によって著しい障害を受けないという利益をこれら個々人の個別的利益としても保護すべきとする趣旨を含むものと解することができる……。したがって，新たに付与された定期航空運送事業免許

に係る路線の使用飛行場の周辺に居住していて，当該免許に係る事業が行われる
結果，……当該免許に係る路線を航行する航空機の騒音によって社会通念上著し
い障害を受けることとなる者は，当該免許の取消しを求めるにつき法律上の利益
を有する者として，その取消訴訟における原告適格を有する……。」

□ ／ □ ／ □ ／

最判平21.11.26　取消判決の第三者効

> 新しく制定された条例により廃止された保育所で保育を受けていた児童及びその保護者であるXらは，条例制定行為の取消を求めているが，本件制定行為に処分性が認められるか，取消判決の第三者効との関係で問題となるところ，文章中の空欄を埋めなさい。

「市町村は，保護者の労働又は疾病等の事由により，児童の保育に欠けるところがある場合において，その児童の保護者から入所を希望する保育所等を記載した申込書を提出しての申込みがあったときは，……やむを得ない事由がある場合に入所児童を選考することができること等を除けば，その児童を当該保育所において保育しなければならないとされている（児童福祉法24条1項～3項）。平成9年……児童福祉法の改正がこうした仕組みを採用したのは，……その保育所の受入れ能力がある限り，希望どおりの入所を図らなければならないこととして，保護者の選択を制度上保障したものと解される。そして，Xにおいては，保育所への入所承諾の際に，保育の実施期間が指定されることになっている。このように，Xにおける保育所の利用関係は，保護者の選択に基づき，保育所及び保育の実施期間を定めて設定されるものであり，保育の実施の解除がされない限り（同法33条の4参照），保育の実施期間が満了するまで継続するものである。そうすると，特定の保育所で現に保育を受けている児童及びその保護者は，保育の実施期間が満了するまでの間は当該保育所における保育を受けることを期待し得る法的地位を有する……。」

「公の施設である保育所を廃止するのは，市町村長の担任事務であるが（地方自治法149条7号），これについては条例をもって定めることが必要とされている（同法244条の2）。条例の制定は，普通地方公共団体の議会が行う立法作用に属するから，一般的には，抗告訴訟の対象となる行政処分に当たるものでないことはいうまでもないが，本件改正条例は，本件各保育所の廃止のみを内容とするものであって，他に行政庁の処分を待つことなく，その施行により各保育所廃止の効果を発生させ，当該保育所に現に入所中の児童及びその保護者という限られた特定の者らに対して，直接，当該保育所において保育を受けることを期待し得る上記の法的地位を奪う結果を生じさせるものであるから，その制定行為は，行政庁の処分と実質的に同視し得る……。」

「市町村の設置する保育所で保育を受けている児童又はその保護者が，当該保育所を廃止する条例の効力を争って，当該市町村を相手に当事者訴訟ないし民事訴訟を提起し，勝訴判決や保全命令を得たとしても，これらは訴訟の当事者であ

る当該児童又はその保護者と当該市町村との間でのみ効力を生ずるにすぎないから、これらを受けた市町村としては当該保育所を存続させるかどうかについての実際の対応に困難を来すことにもなり、処分の取消判決や執行停止の決定に第三者効（行政事件訴訟法32条）が認められている取消訴訟において当該条例の制定行為の適法性を争い得るとすることには合理性がある。」

　「以上によれば、本件改正条例の制定行為は、抗告訴訟の対象となる行政処分に当たる……。」

□＿＿／＿＿ □＿＿／＿＿ □＿＿／＿＿

最判平24.2.9　懲戒処分差止訴訟と義務不存在確認訴訟

本件通達とそれに基づく職務命令の処分性について，文章中の空欄を埋めなさい。

「本件通達は，……上級行政機関であるＹ２が関係下級行政機関である都立学校の各校長を名宛人としてその職務権限の行使を指揮するために発出したものであって，個々の教職員を名宛人とするものではなく，本件職務命令の発出を待たずに当該通達自体によって個々の教職員に具体的な義務を課すものではない。また，本件通達には，……本件職務命令の発出を命ずる旨及びその範囲等を示す文言は含まれておらず，具体的にどの範囲の教職員に対し本件職務命令を発するか等については個々の式典及び教職員ごとの個別的な事情に応じて各校長の裁量に委ねられている……。そして，本件通達では，上記のとおり，本件職務命令の違反について教職員の責任を問う方法も，懲戒処分に限定されておらず，訓告や注意等も含み得る表現が採られており，具体的にどのような問責の方法を採るかは個々の教職員ごとの個別的な事情に応じてＹ２の裁量によることが前提とされている……。……したがって，本件通達をもって，本件職務命令と不可分一体のものとしてこれと同視することはできず，本件職務命令を受ける教職員に条件付きで懲戒処分を受けるという法的効果を生じさせるものとみることもできない。」

「そうすると，個々の教職員との関係では，本件通達を踏まえた校長の裁量により本件職務命令が発せられ，さらに，その違反に対してＹ２の裁量により懲戒処分がされた場合に，その時点で初めて教職員個人の身分や勤務条件に係る権利義務に直接影響を及ぼす行政処分がされるに至るものというべきであって，本件通達は，行政組織の内部における上級行政機関であるＹ２から関係下級行政機関である都立学校の各校長に対する示達ないし命令にとどまり，それ自体によって教職員個人の権利義務を直接形成し又はその範囲を確定することが法律上認められているものとはいえないから，抗告訴訟の対象となる行政処分には当たらない……（最高裁昭和……43年12月24日……判決……）。また，本件職務命令も，教科とともに教育課程を構成する特別活動である都立学校の儀式的行事における教育公務員としての職務の遂行の在り方に関する校長の上司としての職務上の指示を内容とするものであって，教職員個人の身分や勤務条件に係る権利義務に直接影響を及ぼすものではないから，抗告訴訟の対象となる行政処分には当たらない……。」

「なお，本件職務命令の違反を理由に懲戒処分を受ける教職員としては，懲戒処分の取消訴訟等において本件通達を踏まえた本件職務命令の適法性を争い得るほか，……本件に係る事情の下では事前救済の争訟方法においてもこれを争い得

るのであり，本件通達及び本件職務命令の行政処分性の有無について上記のように解することについて争訟方法の観点から権利利益の救済の実効性に欠けるところ」はない。

> 懲戒処分の差止訴訟の訴訟要件について，文章中の空欄を埋めなさい。

「法定抗告訴訟たる差止めの訴えの訴訟要件については，まず，一定の処分がされようとしていること（行訴法3条7項），すなわち，行政庁によって一定の処分がされる蓋然性があることが，救済の必要性を基礎付ける前提として必要となる。」

「本件差止めの訴えに係る請求は，本件職務命令の違反を理由とする懲戒処分の差止めを求めるものであり，具体的には，免職，停職，減給又は戒告の各処分の差止めを求める請求を内容とするものである。そして，本件では，……本件通達の発出後，都立学校の教職員が本件職務命令に違反した場合のＹ2の懲戒処分の内容は，おおむね，1回目は戒告，2回目及び3回目は減給，4回目以降は停職となっており，過去に他の懲戒処分歴のある教職員に対してはより重い処分量定がされているが，免職処分はされていないというのであり，従来の処分の程度を超えて更に重い処分量定がされる可能性をうかがわせる事情は存しない以上，都立学校の教職員について本件通達を踏まえた本件職務命令の違反に対しては，免職処分以外の懲戒処分（停職，減給又は戒告の各処分）がされる蓋然性があると認められる一方で，免職処分がされる蓋然性があるとは認められない。そうすると，本件差止めの訴えのうち免職処分の差止めを求める訴えは，当該処分がされる蓋然性を欠き，不適法」である。

「本件差止めの訴えのうち，免職処分以外の懲戒処分（停職，減給又は戒告の各処分）の差止めを求める訴えの適法性について検討するに，差止めの訴えの訴訟要件については，当該処分がされることにより『重大な損害を生ずるおそれ』があることが必要であり（行訴法37条の4第1項），その有無の判断に当たっては，損害の回復の困難の程度を考慮するものとし，損害の性質及び程度並びに処分の内容及び性質をも勘案するものとされている（同条2項）。」

「行政庁が処分をする前に裁判所が事前にその適法性を判断して差止めを命ずるのは，国民の権利利益の実効的な救済及び司法と行政の権能の適切な均衡の双方の観点から，そのような判断と措置を事前に行わなければならないだけの救済の必要性がある場合であることを要する……。したがって，差止めの訴えの訴訟要件としての上記『重大な損害を生ずるおそれ』があると認められるためには，処分がされることにより生ずるおそれのある損害が，処分がされた後に取消訴訟等を提起して執行停止の決定を受けることなどにより容易に救済を受けることが

できるものではなく，処分がされる<u>前</u>に<u>差止め</u>を<u>命ずる</u>方法によるのでなければ<u>救済</u>を<u>受ける</u>ことが<u>困難</u>なものであることを要する……。」

　「本件においては，……本件通達を踏まえ，毎年度2回以上，都立学校の卒業式や入学式等の式典に際し，多数の教職員に対し本件職務命令が<u>繰り返し</u>発せられ，その違反に対する懲戒処分が<u>累積</u>し<u>加重</u>され，おおむね4回で（他の懲戒処分歴があれば3回以内に）停職処分に至るものとされている。このように本件通達を踏まえて懲戒処分が<u>反復継続</u>的かつ<u>累積加重</u>的にされる危険が現に存在する状況の下では，事案の性質等のために取消訴訟等の判決確定に至るまでに相応の期間を要している間に，毎年度2回以上の各式典を契機として上記のように懲戒処分が反復継続かつ累積加重的にされていくと<u>事後的な損害</u>の<u>回復</u>が<u>著しく困難</u>になることを考慮すると，本件通達を踏まえた本件職務命令の違反を理由として一連の累次の懲戒処分がされることにより生ずる損害は，処分がされた後に取消訴訟等を提起して執行停止の決定を受けることなどにより容易に救済を受けることができるものであるとはいえず，処分がされる前に差止めを命ずる方法によるのでなければ救済を受けることが困難なものであるということができ，その回復の困難の程度等に鑑み，本件差止めの訴えについては上記『重大な損害を生ずるおそれ』がある……。」

　「また，差止めの訴えの訴訟要件については，『その損害を避けるため他に適当な方法があるとき』ではないこと，すなわち<u>補充性</u>の要件を満たすことが必要であるとされている（行訴法37条の4第1項ただし書）。……本件通達及び本件職務命令は……行政処分に当たらないから，取消訴訟等及び執行停止の対象とはならないものであり，また，上記……において説示したところによれば，本件では懲戒処分の取消訴訟等及び執行停止との関係でも補充性の要件を欠くものではない……。以上のほか，懲戒処分の予防を目的とする事前救済の争訟方法として他に適当な方法があるとは解されないから，本件差止めの訴えのうち免職処分以外の懲戒処分の差止めを求める訴えは，補充性の要件を満たす……。」「在職中の教職員である……Ⅹらが懲戒処分の差止めを求める訴えである以上，Ⅹらにその差止めを求める法律上の利益（行訴法37条の4第3項）が認められることは明らかである。」

　「以上によれば，……本件差止めの訴えのうち免職処分以外の懲戒処分の差止めを求める訴えは，いずれも適法」である。

起立斉唱義務の不存在確認訴訟の訴訟要件について，文章中の空欄を埋めなさい。

　「無名抗告訴訟は<u>行政処分</u>に関する<u>不服</u>を内容とする訴訟であって，……本件通達及び本件職務命令のいずれも抗告訴訟の対象となる行政処分には当たらない

以上，無名抗告訴訟としての……本件確認の訴えは，将来の不利益処分たる懲戒処分の予防を目的とする無名抗告訴訟として位置付けられるものと解するのが相当であり，実質的には，本件職務命令の違反を理由とする懲戒処分の差止めの訴えを本件職務命令に基づく公的義務の存否に係る確認の訴えの形式に引き直したものということができる。抗告訴訟については，行訴法において，法定抗告訴訟の諸類型が定められ，改正法により，従来は個別の訴訟類型として法定されていなかった義務付けの訴えと差止めの訴えが法定抗告訴訟の新たな類型として創設され，将来の不利益処分の予防を目的とする事前救済の争訟方法として法定された差止めの訴えについて『その損害を避けるため他に適当な方法があるとき』ではないこと，すなわち補充性の要件が訴訟要件として定められていること（37条の4第1項ただし書）等に鑑みると，職務命令の違反を理由とする不利益処分の予防を目的とする無名抗告訴訟としての当該職務命令に基づく公的義務の不存在の確認を求める訴えについても，上記と同様に補充性の要件を満たすことが必要となり，特に法定抗告訴訟である差止めの訴えとの関係で事前救済の争訟方法としての補充性の要件を満たすか否かが問題となる……。」

「本件においては，……法定抗告訴訟として本件職務命令の違反を理由としてされる蓋然性のある懲戒処分の差止めの訴えを適法に提起することができ，その本案において本件職務命令に基づく公的義務の存否が判断の対象となる以上，本件職務命令に基づく公的義務の不存在の確認を求める本件確認の訴えは，上記懲戒処分の予防を目的とする無名抗告訴訟としては，法定抗告訴訟である差止めの訴えとの関係で事前救済の争訟方法としての補充性の要件を欠き，他に適当な争訟方法があるものとして，不適法」である。

無名抗告訴訟としては不適法であるが，公法上の当事者訴訟としては適法であるならば後者とみるべきであるか否かについて，「さらに，公法上の当事者訴訟としての上記訴えの適法性について検討する……。」

「本件確認の訴えに関しては，行政処分に関する不服を内容とする訴訟として構成する場合には，将来の不利益処分たる懲戒処分の予防を目的とする無名抗告訴訟として位置付けられるべきものであるが，本件通達を踏まえた本件職務命令に基づく公的義務の存在は，その違反が懲戒処分の処分事由との評価を受けることに伴い，勤務成績の評価を通じた昇給等に係る不利益という行政処分以外の処遇上の不利益が発生する危険の観点からも，都立学校の教職員の法的地位に現実の危険を及ぼし得るものといえるので，このような行政処分以外の処遇上の不利益の予防を目的とする訴訟として構成する場合には，公法上の当事者訴訟の一類型である公法上の法律関係に関する確認の訴え（行訴法4条）として位置付けることができる……。……本件職務命令自体は抗告訴訟の対象となる行政処分に当たらない以上，本件確認の訴えを行政処分たる行政庁の命令に基づく義務の不存

在の確認を求める無名抗告訴訟とみることもできないから，……本件確認の訴え
を無名抗告訴訟としか構成し得ないものということはできない。」

「本件では，……本件通達を踏まえ，毎年度2回以上，都立学校の卒業式や入
学式等の式典に際し，多数の教職員に対し本件職務命令が繰り返し発せられてお
り，これに基づく公的義務の存在は，その違反及びその累積が懲戒処分の処分事
由及び加重事由との評価を受けることに伴い，勤務成績の評価を通じた昇給等に
係る不利益という行政処分以外の処遇上の不利益が発生し拡大する危険の観点か
らも，都立学校の教職員として在職中の上記Xらの法的地位に現実の危険を及ぼ
す……。このように本件通達を踏まえて処遇上の不利益が反復継続的かつ累積加
重的に発生し拡大する危険が現に存在する状況の下では，毎年度2回以上の各式
典を契機として上記のように処遇上の不利益が反復継続的かつ累積加重的に発生
し拡大していくと事後的な損害の回復が著しく困難になることを考慮すると，本
件職務命令に基づく公的義務の不存在の確認を求める本件確認の訴えは，行政処
分以外の処遇上の不利益の予防を目的とする公法上の法律関係に関する確認の訴
えとしては，その目的に即した有効適切な争訟方法であるということができ，確
認の利益を肯定することができる……。したがって，……本件確認の訴えは，上
記の趣旨における公法上の当事者訴訟としては，適法」である。

□ ／ □ ／ □ ／

最判昭61.2.27　パトカー追跡による第三者の損害

犯人追跡中の警察官が第三者に損害を与えた場合，かかる第三者による国家賠償請求が認められるかについて，文章中の空欄を埋めなさい。

「およそ警察官は，異常な挙動その他周囲の事情から合理的に判断してなんらかの犯罪を犯したと疑うに足りる相当な理由のある者を停止させて質問し，また，現行犯人を現認した場合には速やかにその検挙又は逮捕に当たる職責を負うものであって……，右職責を遂行する目的のために被疑者を追跡することはもとよりなしうるところであるから，警察官がかかる目的のために交通法規等に違反して車両で逃走する者をパトカーで追跡する職務の執行中に，逃走車両の走行により第三者が損害を被った場合において，右追跡行為が違法であるというためには，右追跡が当該職務目的を遂行する上で不必要であるか，又は逃走車両の逃走の態様及び道路交通状況等から予測される被害発生の具体的危険性の有無及び内容に照らし，追跡の開始・継続若しくは追跡の方法が不相当であることを要するものと解すべきである。」

Aらは B を「現行犯人として検挙ないし逮捕するほか挙動不審者」として「職務質問をする必要も」あり，B 車の「車両番号は確認」していても「運転者の氏名等は確認できておらず，無線手配や検問があっても，逃走する車両に対しては究極的には追跡が必要」であるから，「当時本件パトカーが加害車両を追跡する必要があった」。また，「本件パトカーの乗務員において当時追跡による第三者の被害発生の蓋然性のある具体的な危険性を予測」することはできず，さらに「本件パトカーの前記追跡方法自体にも特に危険を伴うものはなかった」。したがって，「追跡行為が違法であるとすることはできない」。

□ ＿／＿＿ □ ＿／＿＿ □ ＿／＿＿

最判平3.4.26　申請処理の遅延による精神的損害の賠償

申請に対する知事の処分の遅延に対し，国家賠償請求が認められるかについて，文章中の空欄を埋めなさい。

「本件の認定申請者は，……水俣病にかかっている疑いのままの不安定な地位から，一刻も早く解放されたいという切実な願望からその処分を待つものであろうから，それだけに処分庁の長期の処分遅延により抱くであろう不安，焦燥の気持は，いわば内心の静穏な感情を害するものであって，その程度は決して小さいものではなく，かつ，それは他の行政認定申請における申請者の地位にある者にはみられないような異種独特の深刻なものである……。」

「申請者から認定申請を受けた知事は，それに対する処分を迅速，適正にすべき行政手続上の作為義務がある……。しかしながら，知事の負っている右作為義務は，申請者の地位にある者の内心の静穏な感情を害されないという私的利益の保護に直接向けられたものではないから，右の行政手続上の作為義務が直ちに後者の利益に対応するものとはいえ」ない。「一般に，処分庁が認定申請を相当期間内に処分すべきは当然であり，これにつき不当に長期間にわたって処分がされない場合には，早期の処分を期待していた申請者が不安感，焦燥感を抱かされ内心の静穏な感情を害されるに至るであろうことは容易に予測できることであるから，処分庁には，こうした結果を回避すべき条理上の作為義務がある……。」

「処分庁が右の意味における作為義務に違反したといえるためには，客観的に処分庁がその処分のために手続上必要と考えられる期間内に処分できなかったことだけでは足りず，その期間に比してさらに長期間にわたり遅延が続き，かつ，その間，処分庁として通常期待される努力によって遅延を解消できたのに，これを回避するための努力を尽くさなかったことが必要である……。」

□ ／ □ ／ □ ／

最判平 25.3.26　建築確認による建築主の損害と国家賠償責任

一級建築士及び建築主事の過誤により，建築物の営業休止及び改修工事を行わざるを得なかった建築主は，工事費用や逸失利益を国家賠償請求できるかにつき，文章中の空欄を埋めなさい。

「建築主事が負う職務上の法的義務の内容についてみるに，……建築士の設計に係る建築物の計画について建築主事のする確認は，建築主からの委託を受けた建築士により法令又は条例の定める基準に適合するように設計されたものとして当該建築主により申請された当該計画についての建築基準関係規定との適合性の審査を内容とするものであり，建築士は建築士法に基づき当該計画が上記基準に適合するように設計を行うべき義務及びその業務を誠実に行い建築物の質の向上に努めるべき義務を負うものであることからすると，当該計画に基づき建築される建築物の安全性は，第一次的には建築士のこれらの義務に従った業務の遂行によって確保されるべきものであり，建築主事は，当該計画が建築士により上記の義務に従って設計されるものであることを前提として審査をすることが予定されているものというべきである。このことに加え，……申請書及び法令上これに添付すべき図書（以下併せて「申請書類」という。）の記載事項等がこれらの様式や審査期間を含めて法令で個別具体的に規定されていること等に鑑みると，建築主事による当該計画に係る建築確認は，例えば，当該計画の内容が建築基準関係規定に明示的に定められた要件に適合しないものであるときに，申請書類の記載事項における誤りが明らかで，当該事項の審査を担当する者として他の記載内容や資料と符合するか否かを当然に照合すべきであったにもかかわらずその照合がされなかったなど，建築主事が職務上通常払うべき注意をもって申請書類の記載を確認していればその記載から当該計画の建築基準関係規定への不適合を発見することができたにもかかわらずその注意を怠って漫然とその不適合を看過した結果当該計画につき建築確認を行ったと認められる場合に，国家賠償法１条１項の適用上違法となるものと解するのが相当である（なお，建築主事がその不適合を認識しながらあえて当該計画につき建築確認を行ったような場合に同項の適用上違法となることがあることは別論である。）。」

「もっとも，上記……示した場合に該当するときであっても，建築確認制度は建築主が自由に建物を建築することに対して公共の福祉（建築基準法１条）の観点から設けられた規制であるところ，建築士が設計した計画に基づいて建築される建築物の安全性は第一次的には……建築士法上の規律に従った建築士の業務の遂行によって確保されるべきものであり，建築主は自ら委託をした建築士の設計

重要判例要旨一覧

　した建築物の計画につき建築基準関係規定に適合するものとして建築確認を求めて建築主事に対して申請をするものであることに鑑みると，その不適合に係る建築主の認識の有無又は帰責性の程度，その不適合によって建築主の受けた損害の性質及び内容，その不適合に係る建築主事の注意義務違反の程度又は認識の内容その他の諸般の事情に照らして，建築確認の申請者である建築主が自らの申請に応じて建築主事のした当該計画に係る建築確認の違法を主張することが信義則に反するなどと認められることにより，当該建築主が当該建築確認の違法を理由として国家賠償法1条1項に基づく損害賠償請求をすることができないものとされる場合があることは否定できない。」

☐／　☐／　☐／

最判平元.11.24　宅建業者の監督と国家賠償責任

　知事等が宅建免許を交付した宅建業者が不適切な営業をしたことに対して，知事等が業務の停止ないし免許取消処分をしなかったことにつき，当該業者によって損害を被った者が国家賠償請求をすることができるかについて，文章中の空欄を埋めなさい。

　宅建業法が「かかる免許制度を設けた趣旨は，直接的には，宅地建物取引の安全を害するおそれのある宅建業者の関与を未然に排除することにより取引の公正を確保し，宅地建物の円滑な流通を図るところにあり，監督処分権限も，この免許制度及び法が定める各種規制の実効を確保する趣旨に出たものにほかならない。もっとも，法は，その目的の１つとして購入者等の利益の保護を掲げ（１条），……取引関係者の利益の保護を顧慮した規定を置いており，免許制度も，究極的には取引関係者の利益の保護に資するものではあるが，……免許を付与した宅建業者の人格・資質等を一般的に保証し，ひいては当該業者の不正な行為により個々の取引関係者が被る具体的な損害の防止，救済を制度の直接的な目的とするものとはにわかに解し難く，かかる損害の救済は一般の不法行為規範等に委ねられているというべきであるから，知事等による免許の付与ないし更新それ自体は，法所定の免許基準に適合しない場合であっても，当該業者との個々の取引関係者に対する関係において直ちに国家賠償法１条１項にいう違法な行為に当たるものではない……。」

　「業務の停止ないし免許の取消は，当該宅建業者に対する不利益処分であり，その営業継続を不能にする事態を招き，既存の取引関係者の利害にも影響するところが大きく，そのゆえに前記のような聴聞，公告の手続が定められているところ，業務の停止に関する知事等の権限がその裁量により行使されるべきことは法65条２項の規定上明らかであり，免許の取消については法66条各号の一に該当する場合に知事等がこれをしなければならないと規定しているが，業務の停止事由に該当し情状が特に重いときを免許の取消事由と定めている同条９号にあっては，その要件の認定に裁量の余地があるのであって，これらの処分の選択，その権限行使の時期等は，知事等の専門的判断に基づく合理的裁量に委ねられている……。したがって，当該業者の不正な行為により個々の取引関係者が損害を被った場合であっても，具体的事情の下において，知事等に監督処分権限が付与された趣旨・目的に照らし，その不行使が著しく不合理と認められるときでない限り，右権限の不行使は，当該取引関係者に対する関係で国家賠償法１条１項の適用上違法の評価を受けるものではない……。」「京都府知事ＹがＡに対し本件免許を付与し更にその後これを更新するまでの間，Ａの取引関係者からの……苦情申出は

　一件にすぎず，担当職員において双方から事情を聴取してこれを処理したというのであるから，本件免許の付与ないし更新それ自体は，法所定の免許基準に適合しないものであるとしても，その後にAと取引関係を持つに至ったXに対する関係で直ちに国家賠償法1条1項にいう違法な行為に当たるものではない……。また，本件免許の更新後は担当職員がAと被害者との交渉の経過を見守りながら被害者救済の可能性を模索しつつ行政指導を続けてきた……事実関係の下においては，XがAに対し中間金……を支払った時点までに京都府知事YにおいてAに対する業務の停止ないし本件免許の取消をしなかったことが，監督処分権限の趣旨・目的に照らして著しく不合理であるということはできないから，右権限の不行使も国家賠償法1条1項の適用上違法の評価を受けるものではない……。」

□ ／ □ ／ □ ／

最判昭45.8.20 道路管理の瑕疵〜落石〜

道路を通行中に落石により死亡した者の両親が，国の道路管理に瑕疵があったとして国家賠償請求をした場合，かかる瑕疵が認められるかについて，文章中の空欄を埋めなさい。

「国家賠償法2条1項の営造物の設置または管理の瑕疵とは，営造物が通常有すべき安全性を欠いていることをいい，これに基づく国および公共団体の賠償責任については，その過失の存在を必要としないと解するを相当とする。」

「道路管理者において……本件道路の……危険性に対して防護柵または防護覆を設置し，あるいは山側に金網を張るとか，常時山地斜面部分を調査して，落下しそうな岩石があるときは，これを除去し，崩土の起こるおそれのあるときは，事前に通行止めをする等の措置をとったことはない」。そして，「本件道路は，その通行の安全性の確保において欠け，その管理に瑕疵があったものというべきである旨，……本件における道路管理の瑕疵の有無は，本件事故発生地点だけに局限せず，前記2000メートルの本件道路全般についての危険状況および管理状況等を考慮にいれて決するのが相当である旨，そして，本件道路における防護柵を設置するとした場合，その費用の額が相当の多額にのぼり，上告人県としてその予算措置に困却するであろうことは推察できるが，それにより直ちに道路の管理の瑕疵によって生じた損害に対する賠償責任を免れうるものと考えることはできないのであり，その他，本件事故が不可抗力ないし回避可能性のない場合であることを認めることができない旨の原審の判断は，いずれも正当」である。

重要判例要旨一覧

□＿／＿ □＿／＿ □＿／＿

最判昭59.1.26　河川管理の瑕疵

集中豪雨による河川の氾濫により床上浸水の被害を受けた原告が，国の河川の管理に瑕疵があったとして国家賠償請求をした場合，かかる瑕疵が認められるかについて，文章中の空欄を埋めなさい。

「河川は，本来自然発生的な公共用物であって，管理者による公用開始のための特別の行為を要することなく自然の状態において公共の用に供される物であるから，通常は当初から人工的に安全性を備えた物として設置され管理者の公用開始行為によって公共の用に供される道路その他の営造物とは性質を異にし，もともと洪水等の自然的原因による災害をもたらす危険性を内包しているものである。したがって，河川の管理は，道路の管理等とは異なり，本来的にかかる災害発生の危険性をはらむ河川を対象として開始されるのが通常であって，河川の通常備えるべき安全性の確保は，管理開始後において，予想される洪水等による災害に対処すべく……治水事業を行うことによって達成されていくことが当初から予定されているものということができるのである。この治水事業の実施にあたっては，財政的制約，技術的制約，社会的制約があるほか，河川の管理においては，道路の一時閉鎖等のような簡易な危険回避の手段を採ることもできないのである。河川の管理には，以上のような諸制約が内在するため……未改修河川又は改修の不十分な河川の安全性としては，右諸制約のもとで一般に施行されてきた治水事業による河川の改修，整備の過程に対応するいわば過渡的な安全性をもって足りるものとせざるをえないのであって……道路その他の営造物の管理の場合とは，その管理の瑕疵の有無についての判断の基準もおのずから異なったものとならざるをえない。

河川の管理についての瑕疵の有無は，過去に発生した水害の規模，発生の頻度，発生原因，被害の性質，降雨状況，流域の地形その他の自然的条件，土地の利用状況その他の社会的条件，改修を要する緊急性の有無及びその程度等諸般の事情を総合的に考慮し，前記諸制約のもとでの同種・同規模の河川の管理の一般水準及び社会通念に照らして是認しうる安全性を備えていると認められるかどうかを基準として判断すべきである。

既に改修計画が定められ，これに基づいて現に改修中である河川については，右計画が全体として右の見地からみて格別不合理なものと認められないときは，その後の事情の変動により当該河川の未改修部分につき水害発生の危険性が特に顕著となり，当初の計画の時期を繰り上げ，又は工事の順序を変更するなどして早期の改修工事を施行しなければならないと認めるべき特段の事由が生じない限

り，右部分につき改修がいまだ行われていないとの一事をもって河川管理に瑕疵
があるとすることはできない。

□ ／ □ ／ □ ／

▌最大判昭56.12.16　空港騒音と供用関連瑕疵

空港周辺に居住する住民が騒音や排気ガスにより健康被害を被ったため空港の管理に瑕疵があるとして国家賠償請求をした場合，かかる瑕疵が認められるかについて，文章中の空欄を埋めなさい。

「国家賠償法二条一項の営造物の設置又は管理の瑕疵とは，<u>営造物</u>が有すべき<u>安全性</u>を<u>欠いている</u>状態をいうのであるが，そこにいう安全性の欠如，すなわち，他人に危害を及ぼす危険性のある状態とは，ひとり当該営造物を構成する物的施設自体に存する物理的，外形的な欠陥ないし不備によって一般的に右のような危害を生ぜしめる危険性がある場合のみならず，その営造物が<u>供用目的</u>に沿って利用されることとの関連において危害を生ぜしめる危険性がある場合をも含み，また，その危害は，営造物の<u>利用者</u>に対してのみならず，利用者以外の<u>第三者</u>に対するそれをも含むものと解すべきである。」

「本件空港の供用のような国の行う公共事業が第三者に対する関係において違法な権利侵害ないし法益侵害となるかどうかを判断するにあたっては，上告人の主張するように，侵害行為の<u>態様</u>と侵害の<u>程度</u>，被侵害利益の<u>性質</u>と<u>内容</u>，侵害行為のもつ<u>公共性</u>ないし公益上の必要性の内容と程度等を比較検討するほか，侵害行為の開始とその後の継続の経過及び状況，その間にとられた被害の防止に関する措置の有無及びその内容，効果等の事情をも考慮し，これらを総合的に考察してこれを決すべきものであることは，異論のないところであ」る。本件空港「が<u>公共的重要性</u>をもつものであること」また「その供用に対する公共的要請が相当高度のものであること」は明らかであるが，「これによる便益は，国民の日常生活の維持存続に不可欠な役務の提供のように絶対的ともいうべき優先順位を主張しうるものとは必ずしもいえないものであるのに対し，他方，原審の適法に確定するところによれば，本件空港の供用によって被害を受ける地域住民はかなりの多数にのぼり，その被害内容も広範かつ重大なものであり，しかも，これら住民が空港の存在によって受ける利益とこれによって被る被害との間には，後者の増大に必然的に前者の増大が伴うというような彼此相補の関係が成り立たないことも明らかで，結局，前記の公共的利益の実現は，被上告人らを含む周辺住民という限られた<u>一部少数者</u>の<u>特別の犠牲</u>の上でのみ可能であって，そこに看過することのできない<u>不公平</u>が存することを否定できないのである。」

□　／　　□　／　　□　／

最判昭58.2.18　地下道新設に伴う石油貯蔵タンクの移転と補償

　地下道の新設により自己の所有するガソリンタンクが距離制限違反となったため移転工事の費用を支出した原告が損失補償請求をした場合，かかる請求が認められるかについて，文章中の空欄を埋めなさい。

　「道路法70条1項の規定は，道路の新設又は改築のための工事の施行によって当該道路とその隣接地との間に高低差が生ずるなど土地の形状の変更が生じた結果として，隣接地の用益又は管理に障害を来し，従前の用法に従ってその用益又は管理を維持，継続していくためには，用益上の利便又は境界の保全等の管理の必要上当該道路の従前の形状に応じて設置されていた通路，みぞ，かき，さくその他これに類する工作物を増築，修繕若しくは移転し，これらの工作物を新たに設置し，又は切土若しくは盛土をするやむを得ない必要があると認められる場合において，道路管理者は，これに要する費用の全部又は一部を補償しなければならないものとしたものであって，その補償の対象は，道路工事の施行による土地の形状の変更を直接の原因として生じた隣接地の用益又は管理上の障害を除去するためにやむを得ない必要があってした前記工作物の新築，増築，修繕若しくは移転又は切土若しくは盛土の工事に起因する損失に限られると解するのが相当である。したがって，警察法規が一定の危険物の保管場所等につき保安物件との間に一定の離隔距離を保持すべきことなどを内容とする技術上の基準を定めている場合において，道路工事の施行の結果，警察違反の状態を生じ，危険物保有者が右技術上の基準に適合するように工作物の移転等を余儀なくされ，これによって損失を被ったとしても，それは道路工事の施行によって警察規制に基づく損失がたまたま現実化するに至ったものにすぎず，このような損失は，道路法70条1項の定める補償の対象には属しないものというべきである。これを本件についてみると，原審の適法に確定したところによれば，Yは，その経営する石油給油所においてガソリン等の地下貯蔵タンクを埋設していたところ，Xを道路管理者とする道路工事の施行に伴い，右地下貯蔵タンクの設置状況が消防法10条，12条，危険物の規制に関する政令13条，危険物の規制に関する規則23条の定める技術上の基準に適合しなくなって警察違反の状態を生じたため，右地下貯蔵タンクを別の場所に移設せざるを得なくなったというのであって，これによってYが被った損失は，まさしく先にみた警察規制に基づく損失にほかならず，道路法701項の定める補償の対象には属しないといわなければならない。」

重要判例要旨一覧

判例索引

アガルートアカデミーは，
2015年1月に開校した
オンラインによる講義の配信を中心とする
資格予備校です。

「アガルート（AGAROOT）」には，
資格の取得を目指す受験生の
キャリア，実力，モチベーションが
あがる道（ルート）になり，
出発点・原点（ROOT）になる，
という思いが込められています。

上田 亮祐さん

平成29年度司法試験総合34位合格
神戸大学・神戸大学法科大学院出身

── 法曹を目指したきっかけを教えてください。

　私は，小学生の頃にテレビに出ていた弁護士に憧れを抱いて，弁護士を目指すようになりました。

── 勉強の方針とどのように勉強を進めていましたか？

　演習を中心に進めていました。

　アガルートアカデミーの講座の受講を始めたのはロースクール入学年の2015年4月からなのですが，それまでは別の予備校の入門講座，論文講座を受講していました。しかし，そこでは「まだ答案の書き方が分からないから，とりあえず講座の動画を消化しよう。消化していけば答案の書き方が分かるようになるはずだ」と考え，講義動画を見たり，入門テキスト，判例百選を読むだけで，自分でほとんど答案を書かず実力をつけられないままロースクール入試を迎えました。

　なんとか神戸大学法科大学院に入学し，自分の実力が最底辺のものでこのままでは2年後の司法試験合格どころかロー卒業すらも危ういと分かると，司法試験の勉強として何をすれば良いのかを必死で考えるようになりました。そして，「司法試験は，試験の本番に良い答案を書けることができれば合格する試験である」という当たり前の命題から，「少しでも良い答案を書けるように，答案を書く練習をメインに勉強しよう」と考えるようになりました。

　そこで，総合講義300を受講し直しつつ，重要問題習得講座のテキストを用いて，論文答案を書く練習を勉強のメインに据えていました。また，なるべく手を広げないように，同じ教材を繰り返すことを心がけていました。

—— 受講された講座と，その講座の良さ，使い方を教えてください。

【総合講義300】

　総合講義300の良さは，講義内でテキストを3周するシステムだと思います。

　以前受講した別の予備校の入門講座は，民法だけで100時間以上の講義時間がある上，テキストを1周して終わるため，講義を受け終わると最初の方にやったことをほとんど覚えていないということが普通でした。しかし，アガルートの総合講義は，講義内でテキストを3周するため，それまでにやったことを忘れにくい構造になっていると感じました。テキストも薄く持ち運びに便利で，受験生のことをしっかり考えてくれていると思いました。

【論証集の「使い方」】

　短い時間で各科目の復習，論点の書き方の簡単な確認ができるのがとても優れています。講義音声をダウンロードして，iPodで繰り返し再生していました。

【論文答案の「書き方」】

　答案の書き方が分からない状態というのは，「今は書けないから，問題演習しないでおこう，答案を書かないでおこう」と考えがちなのですが，そんな初学者状態の受験生に，強制的に答案を書く契機を与えてくれるので，そういう点でこの講座は有益だったと思います。他のテキストではあまり見ない「答案構成例」が見られるのも初学者の自分には助かりました。また，重要問題習得講座のテキストを用いた演習方法は，この講座で工藤先生がやっていたことをそのままやろうと考えて思いついたのであり，この講座がなければ勉強の方向性が大きく変わっていたのではないかと思います。

【重要問題習得講座】

　テキストが特に優れています。予備校の講座内で使用されているテキストは，口頭・講義内での説明を前提としているため，解説が書かれていなかったり不十分なことが多いのですが，重要問題習得講座のテキストは十分な解説が掲載されていますし，論証集，総合講義の参照頁も記載されていますから，自学自習でも十分にテキストを利用することができます。

【旧司法試験論文過去問解析講座（上三法）】

　テキストに掲載されている解説が詳細であるのみならず，予備試験合格者が60分で六法以外何も見ずに書いた答案が掲載されており，予備試験合格者のリアルなレベルを知ることができたのはとても有益でした。完全解を目指すためには模範答案を，とりあえず自分がどの程度のレベルに到達しているのかを測るためには予備試験合格者の答案を見れば良かったので，全司法試験・予備試験受験生に薦めたい講座の1つです。

―― 学習時間はどのように確保していましたか？

　　学習時間はローの講義のない空きコマで問題を解くようにしていました。また，集中できないときはスマホの電源を切ってカバンの中にしまったり，そもそもスマホを持って大学に行かないようにすることで，「勉強以外にやることがない」状況を意図的に作り出すようにしていました。

―― 振り返ってみて合格の決め手は？　合格にアガルートの講座はどのくらい影響しましたか？

　　演習中心で勉強し，細かい知識に拘泥することなく，「受かればなんでも良い」という精神で合格に必要な最短コースを選ぶことができたのが合格の最大の決め手になったのだと思います。重要問題習得講座は，そのような演習中心の勉強をするに当たりかなり有益でした。また，論証集の「使い方」についても，その内容面はもちろん，勉強方法について講座内でも，工藤先生は再三「受かればなんでもいい」「みなさんの目的は法学を理解することではなく，受かること」と仰っており，講義音声を聞き返す度にこれを耳にすることになるので，自分の目的意識を明確に保つことができたように思います。

―― 後進受験生にメッセージをお願いします。

　　私自身もそうでしたが，よく思うのは，「合格者に勉強方法などについて質問をたくさんする人ほど，自分で勉強する気がない」ということです。勉強方法や合格体験談の情報をたくさん集めるだけで，なんとなく自分の合格が近づいたように錯覚してしまい，真面目に勉強しなくなるというのは私自身が経験した失敗です。受験生がやるべきことは，失敗体験を集めた上で，その失敗を自分がしないようにすることだと思います。私は講義動画を視聴するだけで自分では答案を書かなかったために，ロー入学時点で答案の書き方が全く分からない，答案が書けないという失敗を犯しました。受験生の方には，ぜひとも私と同じ失敗をしないようにしていただきたいと思います。

上田 亮祐 （うえだ・りょうすけ）さん　*Profile*

25 歳（合格時），神戸大学法科大学院出身。
平成 28 年予備試験合格（短答 1998 位，論文 173 位，口述 162 位），
司法試験総合 34 位（公法系 199 〜 210 位，民事系 70 〜 72 位，
刑事系 113 〜 125 位，選択科目（知的財産法）3 位，論文 34 位，
短答 455 位），受験回数：予備，本試験ともに 1 回ずつ。

福澤 寛人 さん

平成30年度司法試験予備試験合格
令和元年度司法試験1回目合格　慶應義塾大学出身

—— 法曹を目指したきっかけを教えてください。

　　法律の勉強が楽しく，法律を扱う仕事をしたいと感じたからです。弁護士の業務への興味よりも，法律学への興味が先行していました。

—— どのように勉強を進めていましたか？

　　総合講義300を受講したあとに，ラウンジ指導を受け，論文を書き始めました。今思えば，総合講義300と論文答案の「書き方」・重要問題習得講座は並行して受講すべきであったと感じています。

　　勉強の方針としては，手を広げすぎず，アガルートの講座を中心に勉強をしました。また，特に過去問の分析にも力を入れ，本試験というゴールを意識した勉強をするよう心掛けていました。

—— 受講された講座と，その講座の良さ，使い方を教えてください。

【総合講義300】

　　総合講義300は，300時間という短時間で法律科目全体を学べる点が良かったです。講座自体はとても分かりやすいのですが，法律そのものが難解ですので，どうしても理解できない箇所がありました。しかし，工藤先生がおっしゃる通り，分からない箇所があったとしても，一旦飛ばして先に進むという方針で勉強をしました。その結果，躓くことなく，また，ストレスを感じることなく，勉強を進めることができました。

【論文答案の「書き方」】

　　この講座は，論文の書き方の基礎をさらっと学べる点が良かったです。この講座は，受講をした後に，練習問題を実際に書き，先生に添削していただくと

いう使い方をしました。

【重要問題習得講座】

　この講座は，全ての問題を解くことで，重要な論点の論文問題をこなせる点が良かったです。この講座は，答案構成をした後に解説講義を聴き，自分の答案構成と参考答案を見比べ，自分に何が足りていないかを分析するという使い方をしました。

【論証集の「使い方」】

　この講座は，繰り返し聴くことで，自然と論証が頭に入ってくる点が良かったです。この講座は，iPhone に音声を入れ，1.5倍速ほどのスピードで繰り返し聴くという使い方をしました。

【予備試験過去問解析講座】

　この講座は，難解な予備試験の過去問について，丁寧に解説がなされている点が良かったです。この講座は，予備試験の論文の過去問を実際に解いた後に，講義を聴くという使い方をしました。

── 学習時間はどのように確保していましたか？

　隙間時間を有効に活用することで，最低限の学習時間を確保するよう意識していました。勉強に飽きたときには，あえて勉強をせず，ストレスをためないように意識をしていました。

── 直前期はどう過ごしていましたか？

　直前期は，自分でまとめた自分の弱点ノートを見直していました。自分には，問題文を読み飛ばす・事情を拾い落とすなどの弱点があったため，本番でその失敗をしないよう，何度もノートを見ることで注意を喚起しました。また，何とかなるでしょうという気軽な心構えで試験を迎えました。

── 試験期間中の過ごし方は？

　普段と違うことはせず，普段と同じ行動をするように心掛けました。また，辛い物や冷たい物など，体調を崩す可能性のある物は食べないよう気をつけました。

── 受験した時の手ごたえと合格した時の気持ちを教えてください。

　短答式試験は落ちたと感じましたが，実際には合格できていたので，スタートラインに立てたという安心感がありました。

論文式試験は初受験だったため，よくできたのかできなかったのかも分かりませんでした。そのため，論文合格を知った時は嬉しい気持ちと驚きの気持ちが半々でした。

　口述式試験は，完璧にはほど遠い手ごたえでしたが，合格しているとは感じていました。実際に合格していると知ったときには安堵しました。

—— 振り返ってみて合格の決め手は？　合格にアガルートの講座はどのくらい影響しましたか？

　合格の決め手は，アガルートを信じて手を広げ過ぎなかったことであると感じています。アガルートの講座のみを繰り返すことによって盤石な基礎固めをすることができたと思います。そのため，上記の講座は，今回の合格に大きく影響していると考えます。

—— アガルートアカデミーを一言で表すと？

　「合格塾」です。

—— 後進受験生にメッセージをお願いします。

　予備試験は出題範囲が広く，受験は長期間の闘いになると思います。ですので，無理をし過ぎず，ストレスをためない勉強方法を模索することが大事だと思います。

　また，私は，模範答案とは程遠い答案しか書けずにいました。しかし，それでも結果的に合格できていることから，合格するためには模範答案ほどの答案を書ける必要はないと分かりました。そのため，完璧な答案を書けなくとも，気にすることなく勉強を進めていただければと思います。

　同じ法曹を目指す仲間として，これからも勉強を頑張りましょう。

Profile

福澤 寛人 (ふくざわ・ひろと) さん

21歳（合格時），慶應義塾大学4年生。
在学中に受けた2回目の予備試験で合格を勝ち取る。短答1770位，論文106位。
その後，令和元年度司法試験1回目合格。

秋月 亮平 さん

京大ロースクール２年次に予備試験合格後中退。
平成３０年度司法試験総合５６位合格

—— 法曹を目指したきっかけを教えてください。

　文学部在籍時，専攻を変更した影響で１年留年が決まっていたところ，父に，「暇なら予備試験でも受けてみたら」と言われたのをきっかけに勉強を開始。公務員試験で勉強経験のない商法，訴訟法の勉強をしているうちに法律そのものが面白くなり，予備試験には不合格だったものの，法律を職業にしたいと思い，本格的に司法試験を目指すようになった。

—— アガルートとの出会いは？

　２年連続で予備試験不合格となり，親から予備校の利用を勧められた。そこで，私が前年より使用し始めていた市販の論証集の著者が開いているというアガルートというところにした。理由は，安いからである。

—— どのように勉強を進めていましたか？

　予備試験３回目の年は，クラスの中で予備試験を目指している友人と仲良くなり，短答合格後，論文試験に向け，励まし合いつつお互いに予備試験の過去問を書いたものを見せ合うということをやった。

　論文合格という驚天動地の出来事に目を白黒させながら口述対策を慌てて始めた。予備校で口述模試を受ける他は，法律実務基礎科目対策講座を読んで要件事実，刑事手続を詰め込んだ。また，民事訴訟の手続（執行保全含む。），刑法各論の構成要件の暗記も行った。

　司法試験へ向けては，１月半ばから，過去問を書き始めた。しかし，予備試験後からのブランクを差し引いても，本試験の問題がそう簡単に書けるわけがない。ここから，模試と本試験まで，途中答案病に呻吟することとなる。

2月以降，他の予備校に週2回答練に通った。過去問を書いた感触からして，自分の最大のアキレス腱は途中答案であると確信していたので，問題文の読み方や答案構成のやり方はもちろん，ペンについても試行錯誤していかに時間内に書き切るかに課題を絞った。

―― 受講された講座と，その講座の良さ，使い方を教えてください。

【総合講義100】
　試験に要求される必要十分条件（必要条件でも，十分条件でもない。）を満たした知識がコンパクトに盛り込まれている。薄くて（商法のテキストを見たときはのけぞった。シケタイやCbookしか見たことがなかったから。），持ち運びに便利なだけでなく，そもそも読む気が起きる。
　初めは講義とともに通しで受け，その後はアドホックに該当箇所を参照していた。公法，刑事は判例知識が乏しかったため，特定の分野の判例を何度も何度も読んで，目が開かれた（例えば行政法の原告適格の判例だけを繰り返し読んで講義を聴くうち，個々の判例の内容も頭に入るようになったし，問題を解くときに判例を地図にして判断できるようになった。）。そのため，一番役に立ったのは判例の解説だったと思う。

【論証集の「使い方」】
　徹底して判例・調査官解説・通説に準拠しており信頼性が抜群である。キーワードと規範（判例が使っている理由づけ含む。）にマークして，流し読みを繰り返す。たまにじっくり読む機会を作って，1つ1つの文の意味を本当に理解しているか，換言すればそれをくだけた言葉遣いででも他人に説明できるだろうかということを問いながら読むと，実はよくわかっていないということがわかったりする。巷で言われている通り確かに論証が長めだが，その分いつまでも発見が尽きない。講義も音楽感覚で聴いていたが，やはり論証を手元に置いて先生が言っているポイントを書き込んでしまう方が話が早い。

【重要問題習得講座】
　論点の網羅性が高く，論証の真の「使い方」はこの講座で体得した気がする。使い方としては，法律的な構成と論点抽出を正しくできるかに力点を置いて，あてはめは，最悪あまり上手くなくても気にせずクリアということにしていた。1週目の出来を○，△，×に分け（救急医療の用語でトリアージと呼んでいた。），×の問題だけ繰り返すようにしていた。あまりクリア基準を厳しくしすぎると優先順位を上手く割り振れないため，△は甘めにしていた（小さな論点落としなど。）。

—— 学習時間はどのように確保していましたか？

　　ロースクールの予習復習はあまりしていなかったので，授業時間以外は基本的に自分の勉強時間にあてることができた。もっといえば授業中も論証を読んでいたりしていた。また，電車での移動時間に論証や総合講義を読む（聴く），肢別本を解くなどもした。

　　ロースクールに行かなくなってから直前期までは，昼に自習室に行き，過去問や重問をメインで勉強し，夜9時すぎに帰っていた。他予備校の答練がある日は，答練後自習室に戻り，答練で出た分野の復習をすることが多かった。

—— 振り返ってみて合格の決め手は？　合格にアガルートの講座はどのくらい影響しましたか？

　　決め手を1つに絞るのは難しいので2つ挙げると，論証だけはしっかり覚え（る努力をし）たのと，わからない問題からはさっさと逃げたことだと思う（私は「損切り」と呼んでいた。）。

　　論証集の「使い方」を繰り返し聴き，問題の所在や規範自体の意味まで学べたので，法律論はもちろんのこと，あてはめまで充実させることができた。予備試験から司法試験で共通しているのは総合講義と論証集なので，この2つが決定的に影響したと思われる。

—— アガルートアカデミーを一言で表すと？

　　「合法ドーピング」

—— 後進受験生にメッセージをお願いします。

　　司法試験に合格するのは，他ならぬ「あなた」しかいません。合格者の言うことは金科玉条では全くなく，ネットやロースクールで出回る噂は基本眉唾です。予備校もそうで，所詮あなたが使い倒すべき駒の1つにすぎません。どれを捨て，どれを活かすかもあなたが自由に決めてよいのです。どんな些細な情報にも，振り回されず，フラットに受け止めて，たくさん捨て，たくさん活かしてください。

Profile

秋月 亮平（あきづき・りょうへい）さん

25歳（合格時），京都大学文学部卒業，京都大ロー未修コース中退。
予備試験は学部5回，ロー1年次で不合格後，2年次に合格。
平成30年度司法試験1回合格（総合56位）。

〈編著者紹介〉

アガルートアカデミー

大人気オンライン資格試験予備校。2015年1月開校。

- 司法試験，行政書士試験，社会保険労務士試験をはじめとする
  法律系難関資格を中心に各種資格試験対策向けの講座を提供し
  ている。受験生の絶大な支持を集める人気講師を多数擁し，開
  校から6年あまりで会員数は既に4.9万人を超える。合格に必要
  な知識だけを盛り込んだフルカラーのオリジナルテキストとわ
  かりやすく記憶に残りやすいよう計算された講義で，受講生を
  最短合格へ導く。
- 近時は，「オンライン学習×個別指導」で予備試験・司法試験の
  短期学習合格者を続々と輩出する。

アガルートの司法試験・予備試験
総合講義1問1答　行政法

2021年6月20日　初版第1刷発行
2023年9月20日　初版第2刷発行

編著者　アガルートアカデミー
発行者　アガルート・パブリッシング
〒162-0814　東京都新宿区新小川町5-5　サンケンビル4階
e-mail：customer@agaroot.jp
ウェブサイト：https://www.agaroot.jp/

発売　サンクチュアリ出版
〒113-0023　東京都文京区向丘2-14-9
電話：03-5834-2507　FAX：03-5834-2508

印刷・製本　シナノ書籍印刷株式会社

すべては受験生の最短合格のために

アガルートアカデミー ｜ 検索